内蒙古
绿色发展路径研究

佟 帆 著

中国农业出版社
农村读物出版社
北 京

前言 FOREWORD

习近平总书记始终深情牵挂内蒙古各族人民，党的十八大以来，先后 2 次到内蒙古考察，连续 5 年参加全国人民代表大会内蒙古代表团审议，叮嘱我们积极探索以生态优先、绿色发展为导向的高质量发展新路子，把内蒙古建设成为我国北方重要生态安全屏障、祖国北疆安全稳定屏障、国家重要能源和战略资源基地、国家重要农畜产品生产基地、我国向北开放重要桥头堡，总书记又在党的二十大报告中提出了"推动绿色发展，促进人与自然和谐共生"的宏伟目标。这些都为新时代内蒙古发展指明了前进方向、提供了根本遵循、注入了强大动力。

内蒙古是我国北方面积最大、种类最全的生态功能区，是东北、华北、西北重要的生态资源涵养区。近年来，内蒙古把全区 87％的面积划入限制开发区域、51％的面积划入生态保护红线，对内蒙古来说，这不是限制，而是构建绿色特色优势现代产业体系，打造新能源产业基地，积极稳妥推进实现"双碳"目标的坚定决心和坚强信心。通过让广袤草原"带薪休假"，在兴安林海"挂斧停锯"，对重点沙漠"锁边治理"，累计营造林 1.22 亿亩*、种草 2.86 亿亩，年均防沙治沙 1 200 万亩以上，规模均居全国第一，全区草原植被盖度和森林覆盖率分别由 40.3％和 20.8％提高到 45％和 23％，实现了"双提高"，荒漠化和沙化土地面积连续多年保持"双减少"。

---

* 亩为我国非法定计量单位，1 亩≈667 米²。——编者注

今天的内蒙古，有草原 13 亿多亩、占全国的 22%，森林近 4 亿亩、占全国的 12%，湿地 5 700 多万亩、占全国的 16%。这不仅给我国北方地区披上了风沙的"防护服"，还为全国人民打造了超级"碳库"和纯净"氧吧"，京津"风沙源"变成了首都"后花园"。生态是内蒙古的突出优势，绿色是内蒙古的鲜亮底色。守护好这片碧绿、这方蔚蓝、这份纯净，是习近平总书记的殷殷嘱托，不仅关系全区 2 400 多万各族群众的根本福祉，而且关系我国北方乃至全国生态安全大局。保护好这里的生态环境，是内蒙古义不容辞的责任，也是内蒙古对国家最大的贡献之一。内蒙古必须认真贯彻落实好党的二十大精神和习近平生态文明思想，必须牢固树立和践行绿水青山就是金山银山的理念，站在人与自然和谐共生的高度谋划发展，才能推动实现内蒙古绿色发展。

绿色草原，梦想奔驰。立足新发展阶段，本书从内蒙古绿色发展概述、内蒙古绿色发展现状、目标与任务、实践经验与启示、潜力与优势及路径设计六个方面，对内蒙古绿色发展路径进行了研究。笔者坚信只要沿着总书记指引的方向走下去，发挥优势、顺势而为，奋力推进生产方式和生活方式全面绿色转型，内蒙古的明天一定会更加美好。

著 者

2022 年 10 月

目录 CONTENTS

第一章

绿色发展概述

一、绿色发展内涵

绿色发展是在传统发展基础上的一种模式创新，是建立在生态环境容量和资源承载力约束条件下，将环境保护作为可持续发展重要支柱的一种新型发展模式。由绿色发展形态演变过程可知，绿色发展的目标就是既要发展经济，又要兼顾生态环境与社会治理，实现多领域融合发展，促进人与自然和谐共生。绿色发展的本质在于以绿色发展理念推动高质量发展。与传统发展方式相比，绿色发展对发展质量提出了新的要求，以生态经济理念为指导，以循环经济、生态经济与绿色经济为发展目标，强调经济、生态与社会三者共赢。其核心是在资源和环境的硬约束下，实现经济效益、生态环境、社会效益的协调可持续发展。因此，绿色价值观、绿色生产生活方式以及绿色发展成果的全民共享构成了理解绿色发展理论内涵的三个核心维度。

（一）绿色发展倡导绿色价值观

发展观以价值观为根本基础，价值观决定发展观。绿色价值观是绿色发展的思想基础，引领绿色发展。绿色价值观是以认识和尊重自然规律为前提，以人类未来的永续发展为着眼点，以人与自然和谐共生为宗旨，以建立可持续的生产方式和生活方式为内涵。要求人们在适度原则下向自然索取资源，以最小的资源环境代价满足人的物质、精神需求和谋求经济社会最大限度的发展。绿色价值观是人类对自身生存危机深刻反思后重新审视人与自然关系而达到的新的认识境界。绿色价值观倡导尊重自然、顺应自然、保护自然的价值理念，把发展对环境的影响控制在自然承载能力范围之内，最大限度地降低对生态的负面影响，使自然环境实现自我调节、自我恢复。绿色价值观倡导全面、协调、可持续的价值理念，既重视经济发展规模和速度，又不忽视环境质量和效益，注重经济社会和生态环境的协调发展。既要合理利用自然造福人类，又要不断实现人与自然和谐共生。绿色价值观是促进绿色发展的思想基础和精神动力。

（二）绿色发展要求形成绿色发展方式和生活方式

绿色发展方式是指在发展的各个方面和全过程符合生态经济规律，以人与自然和谐共生为价值取向，以绿色技术创新为驱动手段而形成的生产方式。正确处理好经济发展与环境保护的关系，推动形成经济发展方式的生态化，这是绿色发展理念的中心和主旨。绿色发展方式要求实现经济效益和生态效益共赢发展。通过发展循环经济提高资源利用效率，既节约资源又减少废物排放。绿色发展方式要求在发展中保护生态环境，在保护中实现经济发展，注重发展的生态持续性。在实现经济发展的同时创造良好的自然环境，这是绿色发展的内在要求。在经济发展中不能挑战环境的极限，而要以自然承载能力为限度，不仅满足当代人的发展，也为后代人的发展留下足够的环境发展空间，保障代际发展的公平性和持续性。只顾眼前的经济利益，忽视长远的生态效益，不仅是破坏了当前自然生态环境，更是损害了长远的生存发展和子孙后代的永续发展；绿色发展理念要求形成绿色生活方式，在日常生活中将生态观念转变为环保实际行动，把绿色发展理念内化于心、外化于行，用"绿色"装点生活，形成人人、事事、时时崇尚绿色发展的社会风尚。绿色生活方式要求人们将生活方式的绿色化变为自觉自为的一种常态、一种行动、一种生活态度。推动生活方式的绿色化要求人们把践行绿色低碳环保的生活方式落实到具体行动中，以日常生活的生态参与促进绿色发展，用切实的环保行动创造美好的绿色健康生活。

（三）绿色发展价值目标是让人民群众共享生态福祉

随着生活水平的不断提高，生态环境在人民生活幸福指数中的地位越来越重要。绿色发展理念既要实现经济和生态效益，也要实现社会效益。生态环境与人民群众生活质量和幸福指数密切关联，绿色发展理念的价值目标在于使人民群众获得生态福祉。绿色发展理念坚持以人为本，把人民群众既追求发展又渴望优美环境的良好愿望作为最终归宿，彰显出绿色发展的人文关怀。绿色发展把良好的生态环境作为衡量发展的重要指标，把让人民群众拥有良好的生活空间，获得更多的生态福祉作为实现绿色发展的重要标准。坚持绿色发展，改善环境质量，就是满足人民群众的生态需求，让人民群众生活在良好的生态环境中，享有生态福祉，提升生态福祉。顺应人民群众追求生态的美好愿望，实现人民群众追求的生态福祉是绿色发展理念的价值目标所在。

二、绿色发展理论来源

（一）马克思主义自然观

随着共产主义的发展，共产主义者队伍的壮大，马克思主义自然观也在不断发展。马克思主义自然观主要研究的是自然界、人类自身、人类社会三者之间的关系，是对人与自然关系的总体看法。马克思认为，在人类出现之前，自然已经存在了几百万年，人的世代繁衍离不开大自然，人类应该尊重自然。因此，马克思认为，自然界，就它自身不是人的身体而言，是人的无机的身体。人靠自然界生活。这就是说，自然界是人为了不致死亡而必须与之处于持续不断交互作用过程的人的身体。

1. 正视人与自然关系问题

（1）人对自然的疯狂掠夺　许多物种的灭亡是由于生态环境的变化，可见，自然对于物种生存发展的重要性。人类进入到现代社会，生存的需求已经解决，随着衣食住行需求的增加，人们加速对自然的改造与索取。从为生存需求利用"自在自然"，逐渐过渡到通过不断改造自然获得物质，具有"人类精神烙印"的"人化自然"。自然界越向人类靠拢，便会越来越配合人类的生产生活，人与自然越来越不公平。但是在马克思看来，他认为没有自然界，没有感性的外部世界，工人什么也不能创造。自然先在性这一点从本体论上来讲，马克思讲得很清楚。然而人类在改造自然时，更可能的是增加对自然的索取，加大对能源和资源的掠夺。恩格斯认为，人在生产活动中，过多重视经济效益，对人居环境以及自然环境的污染视而不见。

在资本主义制度下，逐利是资本家的首要目的。为了扩大生产，他们不断地占有生产资料，自然界的自然资源作为最重要的生产资料就成为资本家掠夺的对象。只要工人不停止生产，资本家便可加倍挖掘自然资源，提升工厂的经济效益。科学技术的发展提高了生产力，但是对环境的破坏程度也呈几何倍数的增长。因此，马克思认为资本主义制度加深了人类对自然界的破坏，资本主义的生产方式、生活方式会加剧人类对资源的浪费。在这种情况下，自然加大对人的报复，山洪海啸、土地沙化、山体滑坡等灾难频发，稀有物种濒临灭绝，生态系统开始失衡，这都是人类与自然相对立的代价。恩格斯在《自然辩证法》一书中写道，美索不达米亚、希腊、小亚细亚以及其他各地的居民，为了得到耕地，毁灭了森林，但是他们做梦也想不到，这些地方今天竟因此而成为不毛之地。对此，他深刻地指出，我们不要过分地陶醉于我们人类对自然的伤害，对于这样的伤害，自然界都会对我们进行报复。尤其，人类社会工业文明进行到今天，我们所遭遇到的自然界的报复比当年恩格斯所描述的还要深重得多。

（2）人与自然和谐共生 恩格斯提出通过"控制自然"来保护自然界，减少对自然界的开发，提高自然资源的利用率，促使人类利用科技循环使用资源。资本主义文化中的逐利性，资本家的贪婪本质，通过资本力量控制社会制度为其服务的本性都造成资本家不会主动放弃生产，即使是提高生产力，目的也是为了生产出更多的产品，而不是为了人们生活得更好。因此，让资本家放弃生产是不现实的，只能改变社会制度。在共产主义社会，劳动成了人类的需求，而不是资本家获取剩余价值的工具。人们通过适度地改造自然界的活动来满足需要，社会要对生产生活资料进行合理的分配，保证适当的生产量，适度生产与消费，做到资源不浪费。在人与人之间，人与自然之间形成和谐关系，保护大自然就是保护人类自己。

2. 尊重自然发展的规律

大自然的发展有内在规律，人类要尊重自然，尊重客观规律，人类活动要顺应大自然的规律，充分保护生态环境。人类应了解大自然的承载能力，减少对自然环境的破坏，加强经济发展和生态环境保护建设的有机统一。正确的生态观，有利于环境保护的建设。生态环境的保护建设需要广大人民群众的支持，可以对客观世界进行合理改造，使人类的活动更具有目的性和计划性，从而创造出符合人类发展和进步的客观世界。自然界已经存在于人类之前几百万年，在对大自然进行改造时，要尊重自然界的内部规律，实现资源的可持续发展。

（二）中国传统文化的生态智慧

中华文明积淀了丰富的生态智慧，从古至今，先贤早已意识到人与自然关系问题的重要性。儒家感悟于人与道的合而为一，也指天人相合相应。人与万物紧密相连，人在对自然进行改造的时候要顺应自然发展的规律，世间万物息息相关，人要敬畏自然，尊崇自然，顺应天道，"天人合一"。

孔子认为"仁"是最高境界，其以"仁爱"为基础的伦理观，不仅指人与人之间的关系，而且指人对自然万物也应该关怀仁德。"四时行，百物生"，万物共生，互为依存。四季与昼夜都是最简单的自然现象，却是人类在农耕时代最为依赖的自然规律。而我们的祖先也正是遵循自然规律而去劳作，比如"春耕、夏耘、秋收、冬藏，四者不失时，故五谷不绝而百姓有余食也。"《吕氏春秋》中说："竭泽而渔，岂不获得？而明年无鱼；焚薮而田，岂不获得？而明年无兽。"这些关于对自然要取之以时、用之有度的思想，有十分重要的现实意义。人应该对自然有敬畏之心，人作为生态系统的一部分，应当保护自然，遵循自然界发展的客观规律。孟子在继承孔子生态理念的基础上，打通了天道、人道、人性之间的界限。孟子提倡节约资源、保护生态环境，实现经济发展与环境的协调统一。荀子也指出大自然发展的客观规律——"天行有常"。人的发展不能违背自然规律，要顺应大自然，实现人与自然的统一，在适应自然的同时，合理运用自然资源。

道家主张"道法自然"，"道"是万物的本源。世界上的一切物质，都产生于"道"，古人云：道生一、一生二、二生三、三生万物，强调人要与自然同源，万物之间同命运、共呼吸。天、地、人之间要维持一种平衡关系，要通过保护生态平衡实现人与天地的共生平衡。庄子强调"天地与我并生，而万物与我为一"。意在阐述天人的一致性，体现了"人天相和""天人合一"的追求。在道家看来，对个体自身的精神追求，最终实现人类社会和自然世界的和谐，是道教信仰的重要内容。

佛教对待人与自然的关系主张"万物一体"，生命与环境相和谐。佛家讲究众生平等，这里的"众生"包括一切有生命的物体，如鸟、鱼、虫等，佛家讲究不杀生，这其实都是尊重大自然、平等对待大自然的表现。

综上，无论是马克思主义的生态观，还是中国古代先贤对大自然的朴素的认识，他们的主张都是趋同的，那就是人要遵循自然规律。

（三）可持续发展理论

可持续发展理论是 20 世纪 80 年代末、90 年代初形成的一种新的发展理论，一经产生，就立刻得到了全球各界的广泛认同，并被各国纷纷作为 21 世纪社会经济发展战略目标编入各种经济计划和各类发展规划之中。同时，它也逐渐成为诊断国家健康运行的新标准以及国家发展水平的新的衡量尺度（例如新的国家财富计算方法体系）。可以说，时至今日，可持续发展的观念已经渗透到了全球各国发展的各个领域，形成了世界上超越不同社会制度、不同意识形态、不同文化群体的高度共识。它是人类突破原有思维模式的又一次思想飞跃，是 21 世纪全球各国经济社会发展的共同追求。

20 世纪 50—60 年代，人们在经济增长、城市化、人口、资源等所形成的环境压力下，逐渐对"增长＝发展"的模式产生怀疑。20 世纪 60 年代，美国经济学家肯尼斯·鲍尔丁发表了论文《一门科学——生态经济学》，提出了著名的"宇宙飞船经济观"，指出经济发展中生态问题的严重性，引起人们的关注。继而 1971 年，美国麻省理工学院教授福雷斯特尔在其专著《世界经济学》中通过模型分析提出，人类经济发展会由于资源枯竭而停滞。1972 年，罗马俱乐部的丹尼斯·麦多斯等人经过长期研究，出版了《增长的极限》，提出了著名的"增长极限论"。作者指出，在以往发展模式的基础上，"只要人口增长和经济增长的正反馈回路继续产生更多的人和更高的人均资源需求，这系统就被推向它的极限——耗尽地球上不可再生的资源"。为此，他们提出要寻找一种新的发展模式，这种模式必须是可以维持而且能够满足人们的基本物质需要。

1981年美国农业科学家莱斯特·布朗经过几年研究，出版了它的名著《建设一个持续发展的社会》。书中详细地分析了土地沙化、粮食短缺、资源耗竭、石油枯竭四大问题，并提出了控制人口增长、保护资源基础、开发可再生能源的可持续发展三大途径，还对可持续发展社会的形态做了多侧面的描述，可以说是第一次对可持续发展思想的系统阐述。实际上，在这一时期，包括生态学、环境学、经济学在内的诸多领域的学者也已经纷纷从各自的角度展开了类似内容的研究，并出版了许多著作，可持续发展的思想实际上已经基本形成。

1983年，联合国世界环境与发展委员会（WCEP）成立，专门对可持续发展问题进行研究。1987年，该组织发表了题为《我们共同的未来》的研究报告（即布伦特兰报告），正式对可持续发展的概念进行阐述，并对之进行研究，受到了世界的普遍关注。1992年，在巴西里约热内卢召开的联合国"环境与发展"大会上，183个国家的政府首脑集聚一堂，共同讨论了全球可持续发展的问题和对策，并达成了关于全球环境与发展合作的共识和最高级别的政治承诺，会上签署了可持续发展的纲领性文件《21世纪议程》，标志着可持续发展已经超越国界、超越意识形态、超越文化、超越民族，获得全世界最广泛的认同。

可持续发展理论是人类社会发展的产物，它体现着对人类自身进步与自然环境关系的反思。这种反思反映了人类对自身以前走过的发展道路的怀疑，也反映了人类对今后选择的发展道路和发展目标的憧憬和向往。人们逐步认识到过去的发展道路是不可持续的或至少是持续不够的，因而是不可取的。唯一可供选择的道路是走可持续发展之路，人类的这一次反思是深刻的，反思所得的结论具有划时代的意义。这正是可持续发展的思想理论在全世界不同经济水平和不同文化背景的国家能够得到共识和普遍认同的根本原因。

可持续发展理论可以概括为以下四点：第一，纠正单纯注重经济增长，忽视环境资源保护的传统模式，强调在经济增长的同时必须注意自然资源的合理开发与环境保护相协调，使发展建立在资源的可持续利用和良好的生态环境基础上；第二，强调人的需求不断满足，经济社会的不断发展和人的生活水平不断提高，特别是对贫困人群的需求满足；第三，提倡伦理观念和公平性，主张只有一个地球，保护地球资源环境可持续利用是每个国家的责任，国与国之间、地区与地区之间、当代人和下代人之间同样具有享有这些资源环境的权利，同时也具有保护资源环境永续利用的责任；第四，发展不仅仅是一个经济增长过程，也是一个自然—经济—社会系统趋向更加均衡、更加和谐、更加互补方向的一个进化过程。

三、我国绿色发展历程

（一）社会主义革命和社会主义建设时期

中华人民共和国成立之初，经济较为薄弱，国家提出要发挥人民群众智慧，实现物尽其用，充分利用丰富的自然资源发展社会主义生产力，空气、森林、矿产等都是建设社会主义的必需资源。由此可见，充分发挥自然资源在当时发展社会主义生产力中的作用符合新中国刚成立时我国的发展现状。另外，当时水利基础设施建设不完善，水旱灾害频繁，水利建设是恢复和发展国民经济的重要工作。这个时期党中央已经认识到生态环境与农业生产之间的联系，并且投入大量的人力、物力、财力，先后提出"一定要把淮河修好""要把黄河的事情办好""一定要根治黄河"等分流域进行治理的思想。当时还提出，开荒一定要注意水土保持，一定不能因为开荒造成下游地区的水灾。这说明中央在提出利用自然资源大力发展生产力的同时，强调保护和尊重自然的重要性，对水土保护方面非常重视。党中央也十分重视林业建设，提出"绿化祖国"的号召，绿化一切可能绿化的荒山荒漠，进行有计划的种树，大力发展林业，这表明那时已经认识到保护自然的重要性，理解了自然对人类的重要意义。1972年，联合国召开人类环境会议，并通过了《人类环境宣言》，我国代表团在会上多次阐述了工业污染与环境保护的关系，明确指出工业发展会造成环境污染，但不能因噎废食，指明通过推动科技进步的同时也可以利用科技保护环境。

（二）改革开放和社会主义现代化建设新时期

改革开放之初，我国经济发展方式还比较粗放，党中央意识到中国的经济发展方式必须做出走可持续发展道路的改变。结合当时的实际国情，党中央提出采取有力的措施，使各级政府协调好生态环境与社会经济发展之间的关系。一是，强调加强环境保护法制建设。党中央提出通过以法律的威严来强制保护生态环境的安全，从那时起为中国环境保护制度化、法制化建设打下了坚实基础。1979年五届全国人大六次会议通过的《中华人民共和国森林法（试行）》，将每年的3月12日确立为国家植树节，并推动植树造林成为公民的法定义务。

同年启动"三北"防护林建设，开创我国生态工程建设的先河。"有法可依，有法必依，执法必严，违法必究"的法制原则也为中国环境保护立法提供了有力的支撑和保障。之后相继出台了《中华人民共和国森林法》《中华人民共和国草原法》《中华人民共和国海洋法》等相关法律。这个时期在中国共产党人的不断探索下，逐步提出并开始形成了中国特色社会主义法律体系，生态保护领域法制建设也逐步发展起来，由生态保护法律逐步发展的相关法制建设为中国的环境立法提供了有效保证，为我国持续加强生态文明建设和绿色发展提供了强大的法律保障。二是，确立环境保护为基本国策。1983 年 12 月 31 日，第二次全国环境保护会议提出，保护环境是我国必须长期坚持的一项基本国策。这一战略举措有力地引导了社会和公众的价值观、发展观，增强了全民节约资源、保护环境的意识。同时大会还提出了"三同步"和"三统一"的环境与发展的战略方针，即经济建设、城乡建设、环境建设要同步规划、同步实施、同步发展，实现经济效益、社会效益、环境效益相统一。形成了以"预防为主、防治结合""谁污染、谁治理""强化环境管理"为主的政策体系。三是，我国在努力实现社会总需求和总供给基本平衡的同时，将资源节约和生态环境保护纳入国家经济社会发展战略，以解决当时面临的煤、电、油、运、材等资源供给的瓶颈问题及工业生产中出现的废气、废水、废渣污染问题。1981—1990 年，"六五"和"七五"两个五年计划对能源节约、水资源利用、林业建设、国土开发和整治、环境保护等领域都提出了工作目标和定量指标。这个阶段，我国力争加大自然资源能源开发力度来实现"保供应"，即保障工业用能、农业用水和生活用水，此时的自然资源更多地体现了其社会属性。

20 世纪 90 年代开始我国提出实施可持续发展战略，并明确指出可持续发展战略是我国现代化发展的一项重要战略，这也为我国环境保护建设指明了合理的发展方向。一是，提出经济增长方式从粗放型向集约型转变。1995 年，党的十四届五中全会确定了要实行"两个根本性转变"，即从传统的计划经济体制向社会主义市场经济体制转变，经济增长方式从粗放型向集约型转变。实现经济增长方式的根本性转变，体现了新时期经济增长的内在要求，也是实现可持续发展的必然选择。同时会议还提出，到 2000 年，力争使环境污染和生态环境破坏加剧的趋势得到基本控制，部分城市和地区的环境质量有所改善。党的十四届五中全会把"经济建设和人口、资源、环境的关系"作为社会主义现代化建设中需要正确处理的十二个重大关系之一。二是，确立可持续发展为国家基本战略。1992 年联合国环境与发展大会通过《21 世纪议程》后，党中央、国务院批准了《中国环境与发展十大对策》，包括实现可持续发展战略、防治工业污染、开展环境综合整治、治理城市"四害"、提高能源利用效率、改善能源结构、推广生态农业、坚持不懈地植树造林、加强生物多样性保护、加强环境科学研究、积极发展环保产业、运用经济手段保护环境、加强环境教育、健全环境法制等方面，强化环境管理。参照联合国环境与发展大会精神，制定中国的行动计划。我国于 1994 年通过了《中国 21 世纪议程》，将可持续发展原则贯穿于我国经济、社会、资源合理利用、环境保护等诸多领域。三是，国民经济计划中增加了资源节约和环境保护的内容。"八五"和"九五"期间，我国继续把资源节约和环境保护纳入国民经济和社会发展计划，并且相关任务和指标也进一步增多，这段时期对环境污染防治的要求明显加大。

21 世纪之初，一是，提出科学发展观，建设资源节约型和环境友好型社会。2003 年 10 月党的十六届三中全会提出了科学发展观，要求坚持以人为本，树立全面、协调、可持续的发展观，促进经济社会和人的全面发展，坚持统筹城乡发展、统筹区域发展、统筹经济社会发展、统筹人与自然和谐发展、统筹国内发展和对外开放。这是党的执政理念的重要升华。2005 年党的十六届五中全会提出要加快建设资源节约型、环境友好型社会。二是，以发展循环经济加快转变经济发展方式，首次提出建设生态文明。2003 年中央人口资源环境工作座谈会上提出要加快转变经济增长方式，将循环经济的发展理念贯彻到区域经济发展、城乡建设和产品生产中，使资源得以最有效利用。发展循环经济战略决策的提出，意味着我国开始用发展来解决环境问题。2007 年党的十七大报告提出要加快转变经济发展方式，并首次提出建设生态文明。三是，首次将节能减排作为约束性指标纳入国民经济发展规划。"十五"计划中提出国民经济和社会发展的指导方针之一是坚持经济和社会协调发展，高度重视人口、资源、生态和环境问题，并制定了包括森林覆盖率、城市建成区绿化率、主要污染物排放总量削减等预期定量目标。从"十一五"起，我国开始把节能减排作为经济社会发展的约束性目标，提出了 6 个约束性指标和 2 个预期性指标。

（三）中国特色社会主义进入新时代

党的十八大以来，党中央从统筹全局的角度全方位思考生态系统的整体性和系统性，把生态文明建设纳入中国特色"五位一体"总体布局中。尤其是在十八届一中全会上强调，我们要继续推进生态文明建设，坚持节约资源和保护环境的基本国策，把生态文明建设放到现代化建设全局的突出地位，把生态文明理念深刻融入经济建设、政治建设、文化建设、社会建设各方面和全过程，从根本上扭转生态环境恶化趋势，确保中华民族永续发展，为全球生态安全做出我们应有的贡献。2015 年 10 月党的十八届五中全会正式提出创新、协调、绿色、开放、共享的新发展理念。会议指出绿色是永续发展的必要条件和人民对美好生活追求的重要体现，必须实现经济社会发展和生态环境保护协同共进，为人民群众创造良好生产生活环境。之后，党的十九大首次将"树立和践行绿水青山就是金山银山的理念"写进党的代表大会报告之中，并将"坚持人与自然和谐共生"上升为坚持和发展中国特色社会主义的基本方略，成为全党必须坚决贯彻、长期坚持的根本方针。在党的十九大通过的《中国共产党章程（修正案）》中，强化和凸显了"增强绿水青山就是金山银山的意识"的表述。以"两山论"为代表，绿色发展理念深入人心。近年来，绿色生产和消费的法律制度和政策更加完善，绿色低碳循环发展的经济体系和以市场为导向的绿色技术创新体系逐步构建，绿色金融大力发展，节能环保产业、清洁生产产业、清洁能源产业不断壮大。能源生产和消费革命稳步推进，清洁低碳、安全高效的能源体系正在形成。简约适度、绿色低碳的生活方式成为新风尚，开展创建节约型机关、绿色家庭、绿色学校、绿色社区和绿色出行等行动蔚然成风。

2022 年 10 月党的二十大胜利召开，党的二十大报告站在新的历史起点谋划中国特色社会主义发展前进方向。党的二十大提出建设人与自然和谐共生的现代化，必须牢固树立和践行绿水青山就是金山银山的理念，站在人与自然和谐共生的高度谋划发展。党的二十大报告强调加快发展方式绿色转型。推动经济社会发展绿色化、低碳化是实现高质量发展的关键环节。加快推动产业结构、能源结构、交通运输结构等调整优化。实施全面节约战略，推进各类资源节约集约利用，加快构建废弃物循环利用体系。完善支持绿色发展的财税、金融、投资、价格政策和标准体系，发展绿色低碳产业，健全资源环境要素市场化配置体系，加快节能降碳先进技术研发和推广应用，倡导绿色消费，推动形成绿色低碳的生产方式和生活方式。我们要推进美丽中国建设，坚持山水林田湖草沙一体化保护和系统治理，统筹产业结构调整、污染治理、生态保护、应对气候变化，协同推进降碳、减污、扩绿、增长，推进生态优先、节约集约、绿色低碳发展。

第二章

内蒙古绿色发展现状

一、绿色发展取得的成就

（一）生态优先、绿色发展的思路越来越清晰

内蒙古自治区坚决贯彻落实习近平总书记和党中央的决策部署，积极在以生态优先、绿色发展为导向的高质量发展新路子上探索实践，迈出了坚实步伐。

党的十八大以来，内蒙古自治区的生态优先、绿色发展导向越来越清晰。2012年11月30日，内蒙古自治区党委九届四次全会指出要把生态文明建设放到突出地位，坚持保护与建设并重、保护优先，全面推进资源节约型、环境友好型社会建设。认真落实主体功能区规划，积极构建科学合理的城镇化格局、农牧业发展格局、生态安全格局，筑牢我国北方重要生态安全屏障，实现美丽和发展双赢。

2013年12月3日，内蒙古自治区党委九届九次全会指出，内蒙古自治区生态区位独特，生态地位重要，保护好绿色林海、辽阔草原对于保障国家生态安全，实现自治区可持续发展具有特殊重要意义。必须紧紧围绕建设我国北方重要生态安全屏障，深化生态文明体制改革，推动形成人与自然和谐发展新格局。

2014年4月22日，内蒙古自治区党委九届十一次全会深入学习贯彻习近平总书记考察内蒙古重要讲话精神，指出牢固树立绿色发展、永续发展的理念，树立敬畏自然、保护自然的理念，引导人们增强生态意识、环保意识，在全社会打牢生态文明建设的思想基础。

2015年11月20日，内蒙古自治区党委九届十四次全会指出，绿色发展是永续发展的必要条件和人民对美好生活追求的重要体现。必须全面落实节约资源和保护环境的基本国策，扎实做好生态建设和环境保护工作，积极探索建立可持续的生态环境保护举措，推动形成绿色生产方式和生活方式，加快建设

美丽内蒙古，切实筑牢我国北方重要生态安全屏障。

2016年11月22日，内蒙古自治区第十次党代会指出，一定要走好绿色发展之路，使内蒙古的草原、林海、沙漠、湖泊、湿地成为聚宝盆，让内蒙古的天更蓝、山更绿、水更清、空气更清新、人民更开心。

2017年1月4日，内蒙古自治区党委十届二次全会指出，良好的生态环境是最公平的公共产品，是最普惠的民生福祉。要坚持绿色富区、绿色惠民，以对人民群众、子孙后代高度负责的态度抓好生态修复和环境治理，推动资源节约和循环发展。加强制度建设和文化培育，筑牢我国北方重要生态安全屏障。

2018年1月3日，内蒙古自治区党委十届五次全会指出，绿色是内蒙古的底色和价值，生态是内蒙古的责任和潜力。要切实履行好建设我国北方重要生态安全屏障的使命责任，始终坚持走生态文明发展之路。

2018年6月30日，内蒙古自治区召开全区生态环境保护大会，深入学习贯彻习近平生态文明思想和全国生态环境保护大会精神，强调要自觉担负起筑牢我国北方重要生态安全屏障的重大政治责任，牢固树立正确发展观、政绩观，坚决摒弃"先污染、后治理"的老路，坚决摒弃损害甚至破坏生态环境的增长模式，坚决打好污染防治攻坚战，让千里草原天更蓝、山更绿、水更清、空气更清新，把祖国北部边疆这道风景线打造得更加亮丽。

2019年4月22日，内蒙古自治区党委十届九次全会指出，要牢固树立正确发展观、政绩观，坚持把发展作为解决生态环境问题的根本之举。发展必须是绿色发展、高质量发展。着力摆脱传统路径依赖，坚决摒弃高耗能、高排放、高污染的老路。坚决守住生态环境质量只能变好不能变坏的底线，坚决不要污染的国内生产总值（GDP）。

2019年8月15日，内蒙古自治区党委十届十次全会深入学习贯彻习近平总书记考察内蒙古重要讲话精神，指出要积极实施主体功能区战略，加强草原森林生态保护，强化土地沙化、荒漠化防治。严格保护、科学利用水资源，打好蓝天、碧水、净土保卫战。加快形成绿色发展方式和生活方式，标本兼治解决突出的生态环境问题，守护好内蒙古这片碧绿、这方蔚蓝、这份纯净，推动全区生态文明建设迈向新台阶。

2019年12月26日，内蒙古自治区党委十届十一次全会指出，以生态优先、绿色发展为导向的高质量发展是全方位、全区域的发展，也是全方位、全区域的要求。所有区域、所有领域、所有产业、所有行业都要坚持这一导向。产业发展和城镇化、乡村振兴，都要把这个导向鲜明地竖起来。发展必须是绿色发展、高质量发展。一旦经济建设和生态环境保护出现矛盾，必须把生态环境保护挺在前面。

2020年6月30日，内蒙古自治区党委十届十二次全会强调，推动经济转型是大势所趋、发展所需、群众所盼，慢不得、等不得更停不得。尤其是在经济下行压力增大、发展风险挑战增多的情况下更要保持定力，顶住压力，冲破阻力，坚忍执着地加快经济转型进程，绝不能一遇到困难就含糊、犹豫、徘徊、动摇，绝不能因眼前的问题而改弦易辙、重蹈覆辙。

2020年12月27日，内蒙古自治区党委十届十三次全会强调，牢牢立足"两个屏障、两个基地、一个桥头堡"战略定位。围绕高质量发展主题，谋划推动发展，强化生态优先、绿色发展导向，切实摆脱速度情节、路径依赖，下大决心调结构、转动能、提质量，优化布局体系、实化工作举措。按内蒙古自治区优化国土空间布局和区域经济布局的规划，谋划推出标志性、引领性的任务举措和工程项目，为高质量发展提供有力抓手和具体支撑。

2021年7月30日，内蒙古自治区党委十届十四次全会强调，必须牢固树立生态优先、绿色发展导向，坚决贯彻扬长避短、培优增效原则，以高质量发展为"十四五"开好局。紧紧围绕落实碳达峰、碳中和目标任务，加快调整产业结构、能源结构，严格能耗双控。强化资源节约，大力发展新能源，着力提升生态系统碳汇能力，坚决遏制"两高"项目盲目发展，推动经济社会全面绿色转型。

2021年11月27日，内蒙古自治区第十一次党代会将维护国家生态安全作为"五个重大政治责任"之首，将筑牢我国北方重要生态要安全屏障作为首要战略定位安排部署。明确全区奋斗目标是"两个屏障"更加牢固，"两个基地"量质齐升，"一个桥头堡"作用彰显，以生态优先、绿色发展为导向的高质量发展迈出重大步伐。进一步强调，要始终把保护生态环境摆在压倒性的重要位置，牢固树立正确的生态观、发展观、政绩观，以壮士断腕的勇气摒弃损坏甚至破坏生态环境的发展模式，以零容忍的态度解决生态环境领域的突出问题，以久久为功的行动修复生态环境创伤。只要是有利于厚植绿色优势的事情就坚定不移推进，只要是不利于促进绿色发展的行为就坚决有力纠正，切实守护好内蒙古这片碧绿、这方蔚蓝、这份纯净，在祖国北疆构筑起万里绿色长城。

2022年以来，内蒙古自治区党委和政府认真学习贯彻落实习近平总书记参加十三届全国人大五次会议内蒙古代表团审议时的重要讲话以及一系列重要讲话精神，反复要求"加强生态环境保护，统筹好发展和保护的关系，坚决守好生态红线和环境质量底线，绝不能再干那些为了一时一地经济增长而破坏生态环境的事情，不仅得不偿失而且祸及子孙。包括开发新能源、开展土地综合治理等，都要把保护生态环境挺在前面，不能干的事，坚决不干"。

内蒙古自治区坚持以习近平总书记和党中央为内蒙古确定的战略定位和行动纲领为总依规，以解决思想根子问题和工作偏差问题为突破口，有效纠正在保护生态环境和发展经济、建设生态安全屏障和建设产业基地等重大关系上的模糊认识，使生态优先、绿色发展导向越来越鲜明地树立起来。通过结合实际，在定位、理念上的进一步明晰，内蒙古高效地调整了全区的工作步调，"三区三线"划定全面完成，全区一半以上的国土面积被划入生态保护红线，非公产业增加值占规模以上产业增加值的比重超过6成，农牧业加工转化率超过65%，科技进步贡献率达到50%以上。

（二）生态优先、绿色发展的根基越来越坚实

内蒙古既是重要的生态功能区，也是极易遭受破坏的生态脆弱区。内蒙古自治区党委和政府牢固树立尊重自然、顺应自然、保护自然的生态文明理念，始终将生态环境保护和修复挺在前面，像保护眼睛一样保护生态环境，像对待生命一样对待生态环境，推动生态环境保护发生历史性、转折性、全局性变化。

山——打造了一批布局合理、集约高效、生态优良、矿地和谐、区域经济良性发展的绿色矿山，持续推进矿山地质环境治理。2019年以来，全区完成矿山地质环境治理与土地复垦面积617平方千米。2021年治理恢复232.4平方千米，治理面积大于上年度毁损面积。

水——内蒙古由东到西，水资源呈递减趋势分布，多年平均水资源515.72亿立方米，其中可用水量为253亿立方米。人均水资源量为2 055立方米，其中人均可用水资源1 010立方米。全区严格落实"以水定城、以水定地、以水定人、以水定产"原则，把水资源作为最大的刚性约束，坚持量水而行、节水为重，合理规划人口、城市和产业发展，坚决抑制不合理用水需求，大力发展节水产业和技术，大力推进农业节水，实施全社会节水行动，推动用水方式由粗放向节约集约转变。在地表水利用方面，着力加强饮用水水源地的保护，依法划定集中式饮用水水源保护区1 130处。同时，综合治理流域内27条中小河流。在地下水源利用方面，全区33个高采区的治理力度加大，每年减少6亿立方米的地下水源用水量。2021年全区万元地区生产总值用水量和万元工业增加值用水量较上年分别下降7.9%和6.5%。

林——全区从东到西有大兴安岭原始林区和宝格达山、大青山、贺兰山等11片次生林区，以及长期建设形成的人工林区，全区森林面积4亿亩，居全国第一位。内蒙古自治区持续推进大规模国土绿化，实施天然林保护和"三

北"防护林等重点工程，加强森林资源保护管理，推动了大兴安岭国有林区和全区各级国有林场改革和发展，创新国土绿化机制，鼓励造林绿化主体多元化，全面推进天然林的保绿、公益林的管护和修复，稳定了优质高效森林系统。落实国家级公益林补偿任务1.53亿亩，2021年内蒙古自治区森林覆盖率达到23%。

田——全区有耕地1.7亿亩，主要分布在嫩江平原、西辽河平原、河套平原和土默特平原。内蒙古自治区通过开展农用地土壤污染状况详查，编制耕地土壤环境质量管理清单，推进了耕地土壤环境治理和保护。另外，内蒙古自治区启用黑土地保护试点项目。该项目实施以来，累计实施了132万亩黑土地的保护。土壤有机质含量提高了33%。截至2021年底，全区建成高标准农田4 580万亩，高效节水灌溉土地3 105万亩。2018年以来，农药化肥使用实现负增长，亩均使用农药由2018年的223.5克下降到2020年的175.8克，亩均施肥量由2018年的16.8千克下降到2020年的15.6千克，分别下降了20.1个百分点和7.1个百分点。

湖——全区有655个湖泊。近年来全面完成第一次全国水利普查名录内415个湖泊的外围划定工作，加强湖泊生态修复，开工建设了"引绰济辽"、东台子水库等大型水利工程，向呼伦湖、乌梁素海、岱海等重点湖泊进行了生态补水工程建设。特别是"一湖两海"综合治理取得阶段性成效，水量、水质和生物多样性都明显趋好。

草——草原是内蒙古自治区最大的陆地生态系统，共有13亿亩草原。内蒙古自治区严格落实基本草原保护制度，完善禁牧、休牧、轮牧和草畜平衡制度，进一步执行新一轮草原生态保护补奖政策。加快推进呼伦贝尔、贺兰山国家公园和额仑草原自然公园修建。"十三五"以来，年均种草3 000万亩，2021年全区实施草原禁牧4亿多亩，草畜平衡6亿多亩。内蒙古自治区还扎实开展破坏草原、林地违法违规行为的专项整治行动，恢复草原林地植被86万亩。当前内蒙古草原综合植被盖度达到45%。

沙——实施京津风沙源治理工程，巩固沙地边缘地带"锁边林"成果，加强科尔沁、浑善达克、乌珠穆沁等荒漠化、沙化土地治理，逐步恢复沙地林草植被。2015年以来，年均完成沙化土地治理面积1 200多万亩，占全国任务的40%以上。库布齐沙漠治理已经成为世界上迄今为止唯一被整体治理的沙漠。库布齐沙漠治理模式为全球荒漠化治理提供了中国经验。毛乌素沙地治理率达到70%，生态治理整体成效获得了习近平总书记和党中央的高度肯定，也受到了国际社会的广泛认可。其他地区沙化土地、沙化草原、荒漠化土地治理也都有很大成效。全区实现了由"沙进人退"向"绿进沙退"的重大历史性转变。通过综合治理、系统保护，2021 年内蒙古自治区森林覆盖率较 2012 年提升了 1.97 个百分点；草原综合植被盖度为有统计口径（1990 年）以来的最好水平；荒漠化和沙化土地面积实现了"双减少"。

（三）生态优先、绿色发展的步伐越来越坚定

一是，经过多年发展，内蒙古能源和战略资源产业发展取得明显成效。"十三五"末，全区能源综合生产能力超过 8 亿吨标煤，是"十三五"初期的 1.2 倍，居全国首位；煤炭产能、外运量、发电量和外送电量均居全国首位；建成了全国最大、门类最全的现代煤化工生产基地；新能源并网装机达到 5 000 万千瓦，比"十三五"初增长了近 5 倍；非化石能源消费占比较"十三五"初提升 5 个百分点，达到 17%；新能源装机占全区电力装机的 35%，比"十三五"初提高了 12 个百分点，成为全国最大的新能源基地；2019 年稀土出口 1.46 万吨，是"十三五"初期的 2.6 倍，稀土原材料就地转化率达 75%，稀土功能材料及终端应用产品占比达 53.6%。

二是，"十三五"时期，内蒙古全国重要农畜产品生产基地地位进一步巩固。"十三五"末，全区粮食产量达到 3 664 万吨，是"十三五"初的 1.32 倍，居全国第四位，粮食生产实现"十七连丰"；畜牧生产实现"十六连稳"，肉类总产量达到 264.6 万吨，比"十三五"初增加了 2.2%，羊肉产量稳居全国首位，牛肉产量跃居全国第二；农畜产品加工转化率达到 65%，形成 2 个千亿级、9 个百亿级农牧业主导产业；新建 800 万亩高标准农田，有序推进 1 200 多万亩盐碱地改良；11 个区域公用品牌入选 2019 中国农业品牌目录，3 个区域品牌价值超百亿元，"天赋河套"影响力位居全国第二。

三是，内蒙古自治区已培育形成了新能源、新材料、现代装备制造、节能环保、生物科技、蒙中医药、云计算、大数据等一批具有良好产业基础和较强核心竞争力的特色产业集群。

四是，化工、冶金、建材是内蒙古优势特色产业，这些产业增加值约占全区工业经济总量的 1/3，是内蒙古举足轻重的支柱产业，并且在全国市场中占有重要地位。目前，内蒙古现代煤化工产业规模居全国前列，是国家重要的现代煤化工生产示范基地；钢铁、有色金属加工业的部分技术、工艺、装备达到国内先进水平，是国家重要的有色金属生产加工基地。在"双碳"背景下，推动传统产业按照绿色发展、高质量发展转型势在必行，也将创造极为可观的投资规模，既有利于稳经济、过关口，更有利于在高质量发展阶段重塑竞争优势。

五是，服务业已经成为一个国家或地区经济发展中最具创新和活力的产

业，其发展水平是衡量经济社会发达程度的重要标志。目前，内蒙古服务业已经成为经济增长的主导产业，增加值占全区地区生产总值比重的半壁江山，服务业增加值对 GDP 增长的贡献率超过 70%，服务行业新增就业占全社会新增就业的比重超过 80%，税收占全部税收收入的比重超过 3 成。服务业产业结构持续优化，结构优化、功能完备的生产性服务业体系初步建立，满足人民美好生活需要的生活性服务业供给能力与供给质量持续提升。重大工程稳步推进，产业布局更趋合理，集聚效应更加突出，101 家自治区级服务业集聚区实现主营业务收入超过 1 700 亿元，成为区域协调发展的主要推动力。

二、绿色发展面临的形势

当今世界正经历百年未有之大变局，我国已转向高质量发展阶段，内蒙古面临的机遇和挑战都有新的发展变化。随着一系列重大国家战略的深入实施，内蒙古自治区拥有多重叠加的发展机遇，具备更好推动以生态优先、绿色发展为导向的高质量发展的多方面有利条件。例如，发展方式粗放，特别是产业发展较多依赖资源开发状况总体改变，现代化经济体系加快构建，科技创新能力全面提升，基础设施保障能力持续提高，"两个基地"向高端化、智能化、绿色化加速转型，若干产业链供应链完整链条和创新链价值链关键环节根植生成，东中西部差异化协调发展水平显著提高，优势突出、结构合理、创新驱动、区域协调、城乡一体发展格局基本形成。特别是新发展格局的加快构建，为内蒙古自治区推动资源、生态、区位等比较优势转化为发展优势创造了巨大空间，内蒙古有信心、有能力、有条件在新发展阶段实现更大作为。同时也要看到，内蒙古发展还存在不少突出短板，面临诸多风险挑战。综合发展水平还不适应新发展阶段要求，生态环保任务艰巨，深层次的结构性问题和体制性矛盾尚未破解，尤其是资源环境约束、科技创新能力不足、传统发展路径依赖、产业结构倚能倚重等交织起来的压力仍处于紧绷状态，转方式、调结构、提质量任务艰巨，全面推进现代化建设任重道远。主要集中体现在以下几个方面。

（一）自然资源环境承载力仍然不足

1. 从草原生态系统来看

植被快速退化的趋势基本得到遏制，但质量较差的基本面仍未彻底改变。从草原生态系统年代迹变化规律来看，内蒙古自治区草原面积从 20 世纪 70 年代末到 21 世纪头十年，每 5 年减少 2 599 平方千米，中高覆盖度草地面积累计减少 15 700 平方千米，草产量从 20 世纪 50 年代、70 年代末的 127 千克/亩和 71 千克/亩下降到当前的 61 千克/亩。同时，内蒙古草原生态系统存在以下一系列问题：如牧区草地承载力过度，人口、生态环境、资源和社会经济发展之间的矛盾尚未得到根本解决；草原科技投入低、科技支撑能力相对薄弱；草原生态补奖政策投入机制是以间接投入为主，缺乏市场化的运行机制，以致草地生态恢复效率不高；20 世纪末到 21 世纪初草原牧区开矿成为破坏草原的重要因素，开矿消耗了大量地下水，造成环境污染，破坏了生态平衡，导致草原生态修复、恢复周期长、见效慢。

2. 从森林生态系统来看

森林面积持续增长，覆盖率稳步提高，处于总体较为健康的状况。1980年全区森林面积 2 亿亩，2021 年全区森林面积 4 亿亩，居全国第一位，森林覆盖率达到 23％，其中，健康林地占 98％。但是森林生态系统生态生产功能维持及提升仍存在以下问题：如部分地区人工造林因没有与区域气候和土壤条件及水资源现状相结合，从而导致"年年造林不见林"的现象时有发生；人工造林仍然存在种植树种单一，以及重视种植乔木，忽视种植灌木和草本植物的现象；森林龄组结构不合理，幼、中龄林比重较大，可采伐资源较少；从目前森林建设和管理来看，普遍存在重造林、轻管理问题，造成很多地区的建设事倍功半。因此，继续维持和稳步提升森林生态系统生态服务功能和生态价值，对协调和巩固北方生态安全屏障功能万分必要、形势紧迫。

3. 从荒漠生态系统来看

荒漠生态系统是生态系统中最为难以治理及达到预期成效的脆弱系统之一。目前，内蒙古自治区荒漠化和沙化土地的生态环境危害依然很大。全区境内沙地、沙漠及戈壁、裸地等累计近 4.5 亿亩，占国土面积的 25％左右，是我国荒漠化和沙化土地最为集中、危害最为严重的地区。荒漠生态系统的治理还面临着诸多治理难题，如内蒙古作为我国荒漠化发生的极敏感区，生态环境依然十分脆弱，退化治理难度大，治理成果的维护成本高，且生态系统自我调节能力较弱，生态系统不稳定，退化经常出现反复性；国家和区域的资金投入明显不足，治理成本不断提高，严重制约了防治速度、质量和成效；生态产业尤其沙产业发展相对滞后，带动地区经济和农牧民增收能力有限。重视和继续加强荒漠生态系统的综合治理成为北方生态屏障建设的重要任务之一，亟待破解。

4. 从水生态系统来看

面临水资源短缺、分布时空差异明显、地下水超采严重等严峻形势。2020年内蒙古人均水资源量 2 091.7 立方米，是全国的 93％。地域上东部地区水资源相对较为丰富，中西部地区水资源匮乏。地下水利用量已经占可开采量的

3/4，总体超采量达 6 亿立方米以上。另据预测，呼和浩特市、包头市在 2022 年以 900 立方米/人的用水量标准，超载人口将达到 238 万和 262 万，人均水资源拥有量仅分别为 256 立方米和 172 立方米，严重低于联合国公布的"1 700 立方米警戒线"和"严重缺水的 500 立方米"标准。内蒙古西部的鄂尔多斯市在 2035 年也将面临人口超载的情况；阿拉善盟在 21 世纪中叶的阶段，水资源量也将无法满足需求。除此之外，水生态系统的治理还存在着一些亟待解决的难题：如农业用水开采过度，由此导致地下水水位持续下降和地下水水生态环境持续恶化等严重后果；城镇绿化和城镇周边工、农业生产与居民生活争水问题日趋严重，部分地下水水源地存在水质超标问题；企业、城市建设及绿化造林违规使用地下水问题尚在；资源性缺水与工程性缺水并重，且非常规水源开发利用力度不足。呼和浩特市、包头市、鄂尔多斯市等中西部地区水资源开发利用程度高，大部分地区已接近极限，城市供水的持续保障面临困难。东部的松花江流域缺乏骨干性控制工程，抗洪能力、水资源持续保障不足；水环境总体污染严重，内蒙古西部区入河排污口集中在呼和浩特市、包头市、鄂尔多斯市经济圈内，东部区主要集中在赤峰市、呼伦贝尔市，污水排放与水功能区纳污能力在空间上不平衡；地下水节约保护形势非常严峻，地下水利用量已经占地下水可开采量的 3/4，且实际情况要较此严重得多；用水效率不高，用水结构不合理，水资源浪费现象普遍存在。水资源的合理利用与水生态系统的健康对其他生态系统生态服务功能的维持和提升具有十分密切的联系，干旱半干旱区生态屏障的建设和巩固必须重视和加强水生态系统的保护。

5. 从湿地生态系统来看

近年来，内蒙古湿地得到一定保护和恢复，但其生态问题依然严峻：气候变化对湿地系统的影响显著，特别是干旱的气候条件导致湿地面积的缩减；工农业污染导致湿地水质变差，加剧了湿地生态功能退化；不合理的开发利用破坏了湿地天然的保护条件，导致湿地资源衰减和环境恶化；保护管理体制不完善，湿地保护经费投入不足制约着湿地保护管理工作的有效开展。湿地是地球之肺，与其他生态系统连接紧密，湿地生态系统的保护对北方生态屏障建设具有重要作用。

6. 从农田生态系统来看

耕地总面积增加，2018 年以来，农药化肥使用实现负增长。但内蒙古耕地仍然面临着耕地质量差、利用效率低、耕地质量平均等级 5.26（低于全国平均水平 0.5 等级）、退化农田面积达 60%以上、瘠薄和盐碱化耕地占 2 成以上、旱灾频发等考验，极易造成严重损失；除此之外，还面临着科技力量投入不足，农业与生态的发展速度慢，水资源紧缺，农业用水量增加以及利用效率低，土壤质量恢复慢，污染较重，管理粗放，耕作方式落后，规模化、机械化水平低等众多亟待解决的难题。合理控制农田生态系统规模、提高生产效率、减少垦草垦荒、逐步退耕还林还草是维持生态系统稳定、减少水资源过度开采利用的一项重要措施，必须引起重视。

7. 从城市生态系统来看

规模逐年扩大，城市功能逐步完善，但是在城市发展过程中仍存在以下问题：如城镇化发展水平在各盟市不均衡，常住人口城镇化率和户籍人口城镇化率差异较大，出现城镇化"虚高"的现象；产业化和城镇化发展水平不同步，资源型城市的转型升级及可持续发展问题仍处在探索的初级阶段，没有找到有效途径；城乡居民生活水平差异较大，存在两极分化现象；城市化过程中出现水资源短缺、水资源配置不合理、基础设施建设的规划和管理水平偏低等现象。城市的发展关乎着一个地区的经济发展与人与自然的和谐，优化城市生态系统功能对保护"山水林田湖草沙"具有重要的支撑作用。

总体上，目前内蒙古生态环境处于超载状态。根据生态足迹分析结果，20世纪80年代初到2005年全区承载力处于生态盈余，盈余率从1980年178%下降到2005的15.7%；2010年生态超载33%，2015年生态超载37%。按照1980—2015年生态系统超载的变化速度，预测结果显示，2022年、2035年和2050年内蒙古生态超载率将分别达到90%、183%和290%。另外，如果考虑人口数量变化和人均需求的增加，内蒙古区域生物生产性土地面积将从2015年的近180万多平方千米增加到2022和2035年的251.60万平方千米和353.62万平方千米。

习近平总书记指出，内蒙古生态状况如何，不仅关系全区各族群众生存和发展，而且关系华北、东北和西北乃至全国生态安全。把内蒙古建成我国北方的重要生态安全屏障，是立足全国发展大局确立的战略定位，也是内蒙古必须自觉担负起的重大责任。基于生态系统变化的预测和生态系统保护和建设存在的问题，"山水林田湖草沙"系统综合治理已迫在眉睫，针对不同生态系统特征，合理布局，科学施策成为北方生态安全屏障建设的重要内容。

（二）实现"双碳"目标机遇挑战并存

碳达峰、碳中和是我国全面绿色转型的内在要求，碳达峰表面上是约束碳排放强度问题，而本质是能源革命、产业变革和生态环境保护问题。内蒙古是国家重要的能源和战略资源基地，也是碳排放大区，人均碳排放量远远高于全国平均水平，"十四五"期间国家碳排放及能耗指标将会更加趋严趋紧，内蒙古面临更为严峻的环境指标约束。实现"双碳"目标，内蒙古任重道远，仍然面临如下具体问题：

1. 节能减排基础较弱

2017—2020 年，内蒙古能源消费总量从 19 763 万吨标准煤提升到 27 324 万吨标准煤。"十三五"期间，我国以年均 1.5% 的能源消费增速支持国内生产总值 6% 左右稳定增长，为生态文明建设、高质量发展提供了重要支撑。然而内蒙古是以年均 8% 左右的能源消耗增速支持 5% 左右的经济增长。单位地区生产总值能源消耗降低规划目标为累计降低 14 个百分点，实际增长 9% 以上，是全国平均水平的 3.5 倍；二氧化碳排放总量由 5.5 亿吨增加到 7.7 亿吨，单位 GDP 碳排放量由 2010 年的 6.8 吨/万元降低至 5.2 吨/万元，远高于全国平均水平。人均碳排放量超过 30 吨/年（美国、加拿大 20 吨/人，英国、德国 10~15 吨/人，中国的北京 4.8 吨/年、上海 7.8 吨/年、武汉 9.2 吨/年）。"十四五"是经济转型发展的攻关期，全区经济下行压力依然较大，GDP 规模对节能减排下降的支撑作用不强，增速双升压力依然较大。

2. 结构性、区域性增长压力大

内蒙古在全国产业分工中的功能定位，导致内蒙古产业结构重型化、高耗能特征明显。全区 2 755 家规模以上工业企业中，高耗能企业 1 357 家，占比近 50%；能源原材料工业占规上工业增加值比重达 87.2%，化工、钢铁、有色、电力、石化炼焦和建材 6 大高耗能行业，能耗累计增量占全社会能耗增量的 74.8%，其中化工、钢铁、有色行业占全社会能耗增量的 62%。六大高耗能行业占规模以上工业能耗比重达 87.4%。鄂尔多斯、乌兰察布、包头三市高耗能企业比较集中、新上的大项目相对较多，这些地区占全区累计能耗增量的 2/3。"十四五"期间，内蒙古单位 GDP 能耗下降目标为年均 3% 左右，增量在 3 000 万吨标煤以内。但从各盟市上报"十四五"项目情况看，预计新增能耗为 1.8 亿吨标煤，这个数字相当于目标增量标煤的 6 倍。节能减排存量、增量压力大。

3. 产业链条短、附加值低，能源利用效率存在短板

总体上看，内蒙古煤炭、水泥、铁合金、铜铅冶炼单位产品能耗处于国内先进水平，钢铁、焦炭、烧碱、电石、合成氨单位产品能耗总体达到国家限额标准，但距离先进水平仍有一定差距，能源利用效率仍存在短板。从近两年全区电力行业能耗水平看，2018、2019 年火电供电煤耗分别为每千瓦时电 331、326 克标准煤，超出全国行业平均水平 23.4、19 克，据此测算两年分别多消耗 982、866 万吨标准煤；钢铁、焦炭、电石等单位产品综合能耗分别低于国家先进标准 14%、24% 和 18%；运用先进技术进行节能改造的力度不够，钢铁企业还不能完全实现全流程绿色生产、能源循环利用。2019 年全区六大高

耗能行业拉动规模以上工业能耗增长 12.8 个百分点，但拉动规上工业增加值增长仅 4.3 个百分点，规上工业企业增加值能耗是全国平均水平的 10 倍。

总体而言，推进双碳行动是内蒙古走生态优先、绿色发展为导向的高质量发展道路，建设"两个屏障、两个基地、一个桥头堡"的必然途径。碳达峰、碳中和是一场系统性、深层次的社会变革，涉及能源结构、产业结构、生活方式、技术变迁等各个领域，影响全面而深远，机遇与挑战并存。从建设国家重要能源基地来看，可以大规模新上新能源发电项目，全产业链发展新能源装备及设备运行维护产业，建设大规模新能源外送通道，推动新能源发电及输送技术进步。但短期内能耗双控和碳排放双控目标与保障国家能源安全目标很难两全，建设新能源项目受限于土地利用政策、新型电力系统技术瓶颈；从建设国家战略资源基地来看，可以适应国家初级产品保供需要，进一步加大矿产资源勘探、开采、洗选、冶炼、加工一体化发展力度，推动传统资源型产业低碳化、高端化转型。但也面临巨大生态环保压力，可能陷入资源陷阱和产业低端锁定，资金技术难以满足需求等挑战；从建设农畜产品生产供应基地来看，国家农牧业投入会进一步增加，农牧业进一步低碳化转型。农村牧区分布式能源发展、农牧业碳汇功能开发以及二氧化碳气肥等技术在农牧业领域被广泛运用。然而有效统筹好农畜产品数量安全、质量安全、经济产出效益和节水降碳效果却是必须应对的挑战之一；从建设国家生态安全屏障来看，若能争取国家更多重大生态项目，则可使生态产品面临更加良好的市场环境，生态环境建设和污染治理技术进步加快，生态价值变现渠道更加多元化。然而内蒙古自治区生态环境稳中向好基础还不稳固，生态修复和减污降碳任务仍然繁重艰巨；从建设向北开放的桥头堡来看，在与俄罗斯、蒙古国资源合作方面能够发挥更大作用，但"双碳"导致世界贸易政策调整可能进一步增加贸易壁垒等方面问题；最后，从建设安全稳定屏障来看，内蒙古自治区在国家的分工地位会进一步上升，发展动能转换带动经济稳步增长、就业增收及公共服务改善、人民生活水平提升，然而如果节能降碳与经济增长的关系协调不好，可能会对经济增长带来一定困难或风险，进而引发一系列社会矛盾等问题出现。

（三）生态产品价值实现面临问题与困难

目前，内蒙古生态产品价值实现机制建设还处于起步阶段，作为一项系统性开创工作，内蒙古在生态产品价值实现重点领域、重点行业和关键环节仍存在不少短板问题，生态产品"难度量、难抵押、难交易、难变现"（四难）等问题尚未得到有效解决，生态产品的价值还没有转化为全区的经济实力和百姓的收入，建立生态产品价值实现机制仍任重而道远。

1. 生态产品价值实现基础理论研究与技术支撑体系有待加强

目前关于生态产品的内涵界定还没有形成共识，生态产品价值评估尚未形成公认、精准的评估框架，基础理论研究的相对滞后影响了生态产品价值实现机制的建立。政府、企业和公众在面对"哪些是生态产品""谁应该付费""生态产品值几何""生态产品价值如何体现"等问题时，仍没有明晰的答案，急需加快推动生态产品价值实现基础理论研究。此外，内蒙古在生态系统生产总值（GEP）部分关键参数本土适用化以及研究和监测技术能力方面还有待加强。

2. 生态产品经营开发机制不完善

现阶段生态产品供给以政府为主，缺乏有效的市场供给机制，生态产品价值实现模式较为单一，生态产品供给量难以满足人民群众对生态产品全方位、多层次的需求。内蒙古调节服务产品占 GEP 总值较高，达到 75.35%，其中气候调节占比 36.2%，水源涵养占比 14.7%，防风固沙占比 11.9%，固碳等其他调节服务共计占比 12.55%。但物质产品价值与文化服务产品占比较低，分别占 6.98% 和 17.67%，生态产品初级转化率不高，文化旅游对经济贡献度有待提升，对生态产品价值的开发利用不够，新业态、新产品、新模式不多，产业链较短，生态产品认证滞后，品牌打造不力、影响力较小，生态产品价值实现的通道还未打开，"两山"转化有待进一步推动。由于市场体系不够完整、产权的初始分配不公平、反映生态产品质量的价格机制发育不成熟等问题，目前只有水权、排污权、碳排放权等环境资源权益进入交易市场，调节气候、涵养水源、生物多样性等生态权很难进入交易市场。

3. 生态产品保护补偿机制不健全

内蒙古整体植被覆盖度较低，部分区域位于农牧交错带，生态环境非常脆弱，建设自治区生态安全屏障的任务还非常艰巨。《内蒙古自治区草原管理条例》等部分现行地方性法规和规章制度已不能完全适应生态保护建设新形势、新任务的需要，亟待探索建立跨区域生态补偿机制、草原生态补奖长效机制等制度。调动社会参与生态保护建设的优惠政策尚不完善，生态补偿要依托中央财政补助资金支持，地方政府用于生态保护补偿的经费十分有限，且相对于生态保护的需求量，补偿资金缺口较大，资金使用效率低下。企事业单位投入、优惠贷款、社会捐赠等其他渠道缺失，亟待建立根据生态产品价值确定财政转移支付额度、横向生态补偿额度的体制机制。现阶段生态补偿存在要素分割、补偿对象交叉等问题，如部分地区存在生态补偿政策重叠情况。这样一方面导致重点生态功能区内有失政策公平，进而保护动力不足、能力缺乏，不利于生态保护工作的开展；另一方面同一生态空间内同时涉及多个政策、管理部门，重复立项、分头跟进，难以充分沟通配合，补偿资金难以形成合力造成资源配置效率低下，补偿资金核算主要依据财政支付能力，没有完全体现生态系统服务价值。

4. 生态产品价值评估与核算制度不健全

科学评估和核算生态产品价值是推动生态产品价值实现的重要依据和基础。生态产品具有的公共产品属性以及生态资产效益的外部性，使得在经济发展中生态成本被长期忽略，决策者很难获得科学合理的信息。一方面是统计制度不健全问题，常常导致统计主体不明、责任不清，统计客体、口径和时间不统一；另一方面是资源价格问题，生态资源市场发育迟缓，造成资源价格的缺乏，以及一些非完全成本价格、垄断价格等扭曲了生态资源价格体系，给生态价值核算带来困难。除此之外，生态产品本身的复杂多样、空间特征、价值多维性，加之资源产权界定不清晰等问题，导致实际生态价值核算过程中不够客观、实际。

5. 生态产品价值实现保障机制支撑力不足

为了确保生态产品价值实现机制的有效建立，政府、社会和金融机构应分工协作，整体谋划，形成合力。但从政府层面来看，生态产品价值的概念尚未进入经济社会发展规划体系，尚未与财政生态补奖政策、生态转移支付以及生态环境损害离任审计等有机结合；从社会层面来看，社会资本及和农牧民参与生态保护建设的积极性有待进一步提高。尤其是调节服务产品价值虽然得到大家的认可，但实现难度较大，企业参与积极性不高。例如对水电企业来说，库区周边的生态环境对水源涵养、防风固沙有非常重要的作用，但由于资本的逐利性促使这些企业更多的是追求短期利益，放弃长期利益。生态保护与修复综合措施弱，目前行之有效的建立自然保护地、退耕还林还草、退牧还草等措施对农牧民生产生活影响较大，农牧民积极性不高，开展生态保护与修复难度大；从金融层面来看，生态产品大多数是公共产品，产权归属界定不清晰、价值核算与评估体系不健全、量化定量依据不足等因素均影响金融系统的主动介入。多数生态项目属于中长期项目，金融支持面临"度量难、抵押难、交易难、变现难"的问题，风险缓释机制和激励机制不够完善。例如林业碳汇减排量的核查期或签发期，由于林木生长年限较长，导致其比其他领域的减排项目都要长，致使金融机构因碳汇成本收益时间较长，不愿先期投入资金。

（四）生态文明制度建设亟待加强

经过多年不懈努力，内蒙古生态文明制度建设和改革进展顺利，取得接续性成效，对推动内蒙古自治区走以生态优先、绿色发展道路发挥了重要的制度支撑作用。但也存在一些困难和问题，成为影响我国北方重要生态安全屏障建设的关键性因素，亟待进一步完善。

1. 生态管理体制权威性和有效性不足

推进生态文明建设，必须树立生态观念、发展生态经济、维护生态安全、优化生态环境、完善生态文明体制，把生态文明建设融入经济建设、政治建设、文化建设、社会建设各方面和全过程，形成有利于节约资源和保护环境的空间格局、产业结构、生产方式、生活方式。然而，受现行行政管理体制的影响，内蒙古生态环境保护管理体制的权威性和有效性不够，部门职能分散交叉，政出多门、权责脱节、力量分散、重复建设等问题仍然部分存在，影响行政效能，削弱了环境监管的合力；基层的监管能力薄弱，存在"小马拉大车"现象，难以对生态文明建设进行科学合理的顶层设计和整体部署，难以形成生态文明建设合力，迫切需要进行改革。伴随着国家环境监管体制改革的落实，自治区环境监测、监察、执法环境监测监察执法垂直管理制度改革（简称垂改）使得一些普遍的显性问题得到了较好的解决，但一些特殊的隐性问题还需要下大力气进一步深化改革，完善制度和政策来得以真正解决。

2. 环境产权制度不清晰，政策体系不健全

一是还没有真正建立起完善的排污权、碳排放交易市场机制。相关法律制度没有确立，总量控制指标难显公平，排污权交易信息平台和交易市场不完善，排污权交易市场缺乏成熟的买卖双方和中介机构；碳排放交易尚处于试点阶段，总结铺开难度大。二是生态补偿机制不完善。生态补偿是目前国内外采用较多的生态环境保护和生态资源可持续开发利用的重要政策制度。当前草原生态奖补政策的实施对内蒙古草原可持续利用起到积极成效，但在政策落地的过程中也存在着一些问题，如对生态补偿的标准不能覆盖农牧户的机会成本、政策实施过程中根据动态调整机制缺乏等问题。以上问题致使违禁放牧和超载过牧等情况仍旧存在，对草原生态环境治理目标的实现带来挑战。另外，内蒙古生态补偿的融资渠道和主体相对单一，缺乏市场化、多元化生态补偿机制。主要依靠政府转移支付和专项基金两种方式。转移支付以纵向为主，即中央对省级以及省级对地方的转移支付，跨行政区域的横向转移支付体系尚未建立。与此同时，以部门为主导的生态补偿，责任主体不明确，缺乏明确的分工，管理职责交叉，在整治项目与资金投入上难以形成合力。三是有利于资源节约、环境保护的价格体系尚未形成。资源性产品价格形成机制不顺，从资源无偿划拨到有偿使用的市场化改革不到位，资源型产业行政性垄断与自然性垄断并存，对垄断行业的监管缺乏科学手段和制度性规范；资源税费和环保税费整体偏低，资源性产品价格没有体现资源的全部价值。四是跨行政区、跨流域

的环境管理体制亟待改革。内蒙古跨区域的环境合作刚开始起步，由于地区之间合作缺乏法律依据，因此解决跨区域、跨流域的环境问题困难重重。

3. 生态文明建设的综合决策机制和全社会参与机制没有真正建立

一是环境与发展综合决策机制不完善。实践中，地方重经济轻环保现象一直存在，经济发展方式粗放，环境与发展一直都是"两张皮"，环境突出问题依然较多。2022年中央第三生态环境保护督察组对内蒙古自治区开展了第二轮生态环境保护督察，环境保护督察组反馈第一轮中央生态环境保护督察及"回头看"整改任务中，个别存在整改质量不高的情况尚需加大力度、持续整改。这些问题与环境政策的设计、执行和实施还不能有效纳入社会经济发展的决策过程中，不能从根源上解决环境与发展的矛盾直接相关。许多环境问题都是由于不恰当的经济政策引发的。二是公众参与生态文明建设的机制尚未建立。公众参与生态文明建设相对滞后，公众参与度不高，参与领域窄，对政府环境决策的参与较少。究其原因，主要是公众参与缺乏相应的制度保障，参与程序、途径、方式不明确。此外，制度设计上的缺陷导致环保非政府组织不能发挥应有作用，在表达意见的程序中仍然存在没有完全独立的话语权现象。

4. 环境执法成本高、违法成本低，监管机制不完善

一是行政处罚以罚款为主且数额较低。我国《大气污染防治法》对超标排污行为规定罚款最高限额100万元；《环境影响评价法》对违反环评擅自开工建设行为规定罚款最高限额20万元。对造成严重后果的违法行为，《水污染防治法》和《固体废物污染环境防治法》规定的罚款最高限额为100万元；《大气污染防治法》规定罚款的最高限额为50万元。这样的处罚数额显然太轻，既不能与违法行为给社会带来危害性相适应，也远远低于行为主体从其违法行为中所获得的收益。二是环境执法不严、监管不力。有法不依、执法不严、违法不究是环境突发事件频发、环境污染严重的主要原因。有些环境监管人员在执法时流于形式，执法行为不规范。三是生态文明建设监督机制不完善。目前，自治区级的环境立法不完善，使环境行政执法难以准确到位，对环境执法的监督也缺乏必要的司法手段。同时，公众环境维权意识较弱，在面对环境问题过分依赖政府，在自身权益受到侵害时，又由于各种原因而导致维权艰难。

5. 现行生态文明绩效评价考核和责任追究制度有待进一步探索和完善

生态文明绩效评价考核和责任追究制度将生态文明绩效考核正式计入政绩考核，为生态文明建设加上了保护锁。构建充分反映资源消耗、环境损害和生态效益的生态文明绩效评价考核和责任追究制度，解决了发展绩效评价不全面、责任落实不到位、损害责任追究缺失等问题。内蒙古在这一制度体系仍然存在对领导干部审计责任界定与问责困难，相关改革在试点基础上仍需进一步总结完善；党政领导干部生态环境损害责任追究工作尚处于推进阶段，地方基础生态资源数据欠缺，实施难度较大等问题。

第三章

内蒙古绿色发展目标与任务

一、绿色发展目标

按照党中央对实现第二个百年奋斗目标的战略安排和基本实现社会主义现代化的远景目标，到2035年，综合经济实力和绿色发展水平大幅跃升，绿色生产生活方式广泛形成，碳排放达峰后稳中有降，经济社会发展全面绿色转型，生态环境根本好转，美丽内蒙古基本建成。节约资源和保护生态环境的空间格局、产业结构、生产方式、生活方式总体形成，应对气候变化能力显著增强；环境空气质量根本改善、水生态环境质量全面提升、土壤生态环境安全得到有效保障；环境风险得到全面管控；城乡环境优美和谐宜居，基本满足人民对优美生态环境的需要；山水林田湖草沙生态系统服务功能稳定恢复，国家北方重要生态安全屏障更加牢固；生态环境保护管理制度健全高效，生态环境治理体系和治理能力现代化基本实现。

具体来讲，一方面，未来较长时期内蒙古自治区必须把握新发展阶段、贯彻新发展理念、服务融入新发展格局，必须把生态优先、绿色发展贯穿全过程、全领域，努力实现发展理念、发展路径、发展方式、发展目标的全方位变化，走出一条符合战略定位、体现内蒙古特色，以生态优先、绿色发展为导向的高质量发展新路子。把新发展理念贯穿到每一个区域、每一个领域、每一个产业、每一个行业，坚定不移走以生态优先、绿色发展为导向的高质量发展新路子，推动转方式同调整优化产业结构、延长资源型产业链、创新驱动发展、节能减排、全面深化改革开放相结合，加快质量变革、效率变革、动力变革，实现更高质量、更有效率、更加公平、更可持续、更为安全的发展。另一方面，发展方式粗放特别是产业发展较多依赖资源开发状况总体改变，现代化经济体系加快构建，科技创新能力全面提升，基础设施保障能力持续提高，"两个基地"向高端化、智能化、绿色化加速转型，若干产业链供应链完整链条和创新链价值链关键环节根植生成，东中西部差异化协调发展水平显著提高，优势突出、结构合理、创新驱动、区域协调、城乡一体发展格局基本形成。生态文明制度不断完善，国土空间开发保护格局明显优化，生态环境恶化的条带、点位、区块有效治理，生产生活方式绿色转型成效显著，能源资源配置更加合理、利用效率大幅提高，节能减排治污力度持续加大，主要污染物排放总量持续减少，城乡人居环境进一步改善，生态系统质量和稳定性有效提升，优质生态产品供给扩容增量、价值实现机制基本形成，我国北方重要生态安全屏障更加牢固。

二、绿色发展任务

（一）筑牢我国北方重要生态安全屏障

1. 内蒙古生态战略地位

（1）重要的生态功能区　内蒙古地处祖国正北方，横跨东北、华北、西北，与8省份接壤，拥有广袤的森林、草原、湿地和沙漠，是我国北方面积最大、种类最全的生态功能区和重要的生态安全屏障。全区地形以高原为主，分为北部高原、中部山地丘陵带、大兴安岭岭东丘陵平原、阴山南麓河套—土默川平原及鄂尔多斯高原。大兴安岭、阴山、贺兰山等山脉构成自治区的"生态脊梁"，对保护松嫩平原、华北平原，阻挡沙漠东侵南移、降低沙尘暴危害意义重大。内蒙古具有强大的生态服务功能，境内的黄河、松花江、辽河、海河四大重点流域多位于上游地区，有"东北水塔"之称，是京津冀的供水源头，也是东北地区的"林网"、华北地区乃至全国的"碳汇库"和"挡沙墙"。全区生态系统类型多样，主要包括森林生态系统、草原生态系统、荒漠生态系统、湿地生态系统、农业生态系统和城市生态系统，构成了全区生态屏障的复合生态系统。其中，森林、草原、荒漠、湿地等四类生态系统功能的稳定性是保障全区生态安全的关键。

内蒙古在国家生态安全战略格局中具有十分重要的地位，在国家"两屏三带"生态安全屏障格局中，内蒙古是"东北森林屏障带"和"内蒙古防沙屏障带"的主要组成部分。在《全国主体功能区规划》25个国家级重点生态功能区中，内蒙古涉及大小兴安岭、呼伦贝尔草原草甸、浑善达克沙漠化防治、科尔沁草原和阴山北麓草原等5个重点生态功能区。在《全国生态功能区划（修编版）》63个国家级重要生态功能区中，内蒙古涉及大兴安岭、松嫩平原、辽河源、科尔沁沙地、呼伦贝尔草原、浑善达克沙地、阴山北部、鄂尔多斯高原、黑河中下游和西鄂尔多斯-贺兰山-阴山等10个重要生态功能区。同时，全区包含12个国家沙化土地封禁保护区，区域生态地位十分重要。

在全国和内蒙古主体功能区规划中，内蒙古没有优化开发区域，国家和自治区两级重点开发区域仅占全区面积的13.1%，限制和禁止开发区域占全区面积的86.9%，相当于祖国正北方有1/8的国土面积主要用于生态保护，在维护全国生态安全中发挥着举足轻重的作用。内蒙古划定生态保护红线59.69万平方千米，占全区国土面积的50.46%，相当于首批划定生态保护红线的15个省份［京津冀、长江经济带11省（直辖市）、宁夏回族自治区］红线面积总和，是全国红线面积、比例最大的省（自治区、直辖市），即祖国正北方有1/4的生态保护红线面积主要用于生态防护。因此，内蒙古是国家北方重要的生态安全屏障区。

（2）生物多样性维护重要区域　内蒙古分布有各类野生高等植物2 781种，植被组成主要有乔木、灌木、半灌木植物、草本植物等基本类群，其中草本植物分布面积最广。按类别分，苔藓植物511种，蕨类62种，裸子植物23种，被子植物2 185种。列入《国家重点保护野生植物名录》的有10种，占国家重点保护植物255种的3.92%；其中，一级重点保护植物有革苞菊1种，占国家的1.96%；二级重点保护植物有9种，占国家的4.41%。

全区野生脊椎动物众多，共记录到陆生脊椎动物613种，占全国的陆生脊椎动物2 914种的21.04%。其中，两栖纲8种，占全国两栖动物408种的1.96%；爬行纲27种，占全国爬行动物461种的5.86%；鸟纲442种，占全国鸟类1 372种的32.22%；哺乳纲136种，占全国哺乳动物673种的20.21%。分布于内蒙古的陆生脊椎动物中，属于国家一级重点保护的野生动物有28种，占全国的29.17%；属于国家二级重点保护的野生动物有87种，占全国的54.38%。

在《中国生物多样性保护战略与行动计划（2011—2030年）》列出的32个陆域生物多样性保护优先区中，内蒙古涉及大兴安岭、松嫩平原、呼伦贝尔、锡林郭勒草原和西鄂尔多斯-贺兰山-阴山等5个生物多样性保护优先区。其中，大兴安岭生物多样性保护优先区域位于内蒙古东北部，涉及全区10个旗县。保护重点为兴安落叶松林、樟子松林、云杉林等寒温带针叶林生态系统，以及兰科植物、驼鹿、马鹿、原麝、紫貂、黑熊等重要物种及其栖息地。松嫩平原生物多样性保护优先区地处内蒙古、吉林省和黑龙江省三省（区）交界处，涉及全区6个旗县。保护重点为沼泽湿地生态系统以及丹顶鹤、白鹤、白枕鹤、东方白鹳等重要物种及其栖息地。呼伦贝尔生物多样性保护优先区位于内蒙古东北部，涉及全区6个旗县，保护重点为典型草原和草甸生态系统以及丹顶鹤、白鹤、黑鹳等重要物种及其栖息地。锡林郭勒草原生物多样性保护优先区域位于内蒙古中东部，涉及全区4个旗县。保护重点为草甸草原、典型草原、沙地疏林草原、河谷湿地等生态系统。西鄂尔多斯—贺兰山—阴山生物多样性保护优先区域地跨内蒙古、甘肃省和宁夏回族自治区，涉及全区 24 个旗县。保护重点为山地生态系统、荒漠生态系统以及四合木、沙冬青、半日花、棉刺、马鹿、麝、金钱豹、黑鹳、蓝马鸡、石貂、胡兀鹫、兔狲等重要物种及其栖息地。

（3）水土流失重点防治区域　根据《全国水土保持规划国家级水土流失重点预防区和重点治理区复核划分成果》，内蒙古共涉及大小兴安岭国家级水土流失重点预防区、呼伦贝尔国家级水土流失重点预防区、燕山国家级水土流失重点预防区、祁连山—黑河国家级水土流失重点预防区和阴山北麓国家级水土流失重点预防区等 5 个国家级水土流失重点预防区，以及大兴安岭东麓国家级水土流失重点治理区、西辽河大凌河中上游国家级水土流失重点治理区、永定河上游国家级水土流失重点治理区和黄河多沙粗沙国家级水土流失重点治理区等 4 个国家级水土流失重点治理区。上述区域是水土流失防治的重点区域，对于减缓水土流失危害具有重要意义。

总之，内蒙古生态状况如何，不仅关系全区各族群众生存和发展，而且关系华北、东北、西北乃至全国生态安全。把内蒙古建成我国北方重要生态安全屏障，是立足全国发展大局确立的战略定位，也是内蒙古必须自觉担负起的重大责任。构筑我国北方重要生态安全屏障，把祖国北疆这道风景线建设得更加亮丽，必须以更大的决心付出更为艰巨的努力。

2. 重点目标任务

深入践行习近平生态文明思想，坚持绿水青山就是金山银山理念，全地域、全过程加强生态环境保护，全领域、全方位推动发展绿色转型，守住自然生态安全边界，形成绿色生产生活方式，构筑祖国北疆万里绿色长城。

（1）加强生态保护和修复　统筹山水林田湖草沙系统治理，增强大兴安岭、阴山山脉、贺兰山山脉生态廊道和草原生态系统功能，加强黄河、西辽河、嫩江、"一湖两海"及察汗淖尔等流域水域生态环境保护治理，完善"五大沙漠""五大沙地"防沙治沙体系，构建集草原、森林、河流、湖泊、湿地、沙漠、沙地于一体的全域生态安全格局。

加强草原森林保护修复。把保护草原、森林作为首要任务，严格执行基本草原保护制度，落实草原生态保护补助奖励政策，完善草畜平衡和草原禁牧休牧制度。严禁在草原上乱采滥挖、新上矿产资源开发等工业项目，已批准在建运营的矿山、风电、光伏等项目到期退出，新建风电、光伏电站重点布局在沙漠荒漠、采煤沉陷区、露天矿排土场，推广"光伏＋生态治理"基地建设模式。开展草原生态承载能力核定和草原生态系统健康评价，实施草原保护和修复重大工程。科学开展大规模国土绿化行动，实施三北防护林体系建设、公益林保护、森林质量精准提升等工程，探索大兴安岭一体化保护模式，推进已垦森林草原退耕还林还草，加强森林抚育和退化林修复，提升生态系统质量和稳定性。加快构建以国家公园为主体的自然保护地体系。

专栏 1   草原和森林生态系统保护和修复

（一）岭南林草过渡带生态综合治理

在阿荣旗、莫力达瓦达斡尔族自治旗、扎兰屯市、阿尔山市，以及绰尔、绰源、阿尔山国有林业局，通过封育管护、后备资源培育、退化林修复、补播种草、草原改良、湿地植被恢复、坡面治理等措施，扩大人工造林和治理退化草原面积，促进森林抚育提质。

（二）已垦林地退耕还林还草

完成国务院批准退耕还林还草任务，进一步扩大规模，努力实现应退尽退。

（三）额仑草原生态保护修复

在通辽市、兴安盟和锡林郭勒盟交界处，落实禁牧休牧和草畜平衡制度，实施退耕还草，打击新开垦耕地和破坏草原生态违法行为，保护额仑草原生态景观完整性，完成退耕还草任务。

推动流域综合治理与湿地保护修复。大力推进黄河生态带建设，统筹水环境、水生态、水资源、水安全、水文化，推进干支流一体化治理，突出抓好十大孔兑、多沙粗砂区集中来源区等水土保持治理，实施河道和滩区综合提升治理工程，完善水沙调控机制。深化"一湖两海"及察汗淖尔生态环境综合治理，创新区域系统治理和流域整体治理举措，逐步改善生态环境。全面加强嫩江、辽河、内陆河水系等流域和达里诺尔、乌拉盖等湿地生态保护修复，深入开展地下水超采综合治理。

专栏 2   流域综合治理与湿地保护修复

（一）重要江河流域及重要水源地生态修复

在黄河、额尔古纳河、嫩江、辽河、滦河、永定河、内陆河水系等流域，实施西辽河上游"山水林田湖草"生态保护与修复等重点工程，开垦生态修复和林草植被恢复，保护和建设生态湖滨带和水源涵养带，优化防护林树种结构。

（二）"一湖两海"及察汗淖尔综合治理

呼伦湖重点实施控源截污、生态修复、产业转型、科研监测等举措，岱海重点实施水资源调控、控源截污、生态修复、应急补水和能力提升等举措，乌梁素海重点实施水质监测、污染防控等举措，察汗淖尔重点实施地下水压采、农业结构调整、退耕还草、湿地保护等举措，实现整体保护、系统修复。

（三）退耕退牧还湿

在大兴安岭等重点地区，对没有权属争议、不属于基本农田、具有还湿水源保障条件的耕地和牧草地，实施退耕退牧还湿。

强化土地沙化荒漠化防治。继续实施京津风沙源治理等重点工程，推广库布齐沙漠治理方式和沙产业模式，推动浑善达克、乌珠穆沁、呼伦贝尔沙地治理。推进规模化林场建设，采取人工造林、封沙育林、飞播造林等方式恢复植被。建设荒漠绿洲防护林、防风固沙林、沙漠锁边林、农田草牧场防护林以及水土保持林。以干旱半干旱草原为重点，加强草场改良和人工种草，实行围封禁牧、划区轮牧、季节性休牧、舍饲圈养等措施，保护和恢复草原植被。以内蒙古高原等为重点，推进防护林体系建设及退化林修复、退化草原修复、京津风沙源治理。新增水土流失综合治理 3.33 万平方千米。

专栏 3 防沙治沙重点工程

（一）草原沙地综合治理

在呼和浩特市、乌兰察布市、锡林郭勒盟、赤峰市、通辽市、兴安盟、呼伦贝尔市 51 个旗县（市区），实施草原保护修复、防沙治沙等措施，完成沙化土地综合治理、沙化土地封禁保护、退化草原治理、天然林保护、国土绿化和森林修复等任务。

（二）阴山北麓生态综合治理

在呼和浩特市、包头市、巴彦淖尔市和乌兰察布市 12 个旗县（市区），实施国土绿化、防沙治沙等措施，完成沙化土地综合治理、沙化土地封禁保护、退化草原治理、天然林保护、国土绿化和森林修复等任务。

（三）西部荒漠综合治理

在巴彦淖尔市和阿拉善盟 4 个旗县（市区），实施精准治沙、草原保护修复等措施，完成沙化土地综合治理、沙化土地封禁保护、退化草原治理、国土绿化和森林修复、天然林保护任务。

（四）浑善达克规模化林场试点

在多伦县、正蓝旗和克什克腾旗，开展规模化林场试点建设，完成生态建设任务，治理项目区70％沙化土地，培育生态旅游、林下经济、森林康养等特色产业，建立比较完备的沙区生态防护林体系。

完善生态保护制度。强化河湖长制，推行林长制，完善生态保护红线监管制度。探索建立跨地区、跨流域、覆盖重点领域和重点区域的生态补偿机制。逐步增加对重点生态功能区、生态保护红线区、自然保护地的转移支付，完善生态保护成效与资金分配挂钩的激励约束机制。开展生态系统价值和GEP核算试点，探索建立生态产品价值实现机制。开展绿色金融改革创新试点，支持设立区域性绿色发展基金。

（2）巩固提升环境质量 实行最严格的生态环境保护制度，深入打好污染防治攻坚战，保持攻坚力度和势头，深化污染防治行动，全面构建现代生态环境治理体系，提升生态环境治理能力，改善生态环境质量。

严格环境分区管控。落实生态保护红线、环境质量底线、资源利用上线和生态环境准入清单，实施生态环境分区管控。细化产业目录和高耗能、高污染、资源型行业准入条件。黄河流域实行环境容量质量硬约束，深入推进生态环境综合治理。以水定容、以水定产，对新建项目执行时下最严格的排放标准，实行工业、生活、农业面源差别化、精细化排放管理。

打好蓝天碧水净土保卫战。深化重点区域大气污染综合治理和联防联控，坚持结构调整与深化治理相结合，强化大气污染防治分区管控。环境优先保护区严禁开展不符合主体功能定位的各类开发活动。一般管控区执行区域生态环境保护基本要求。重点推进呼和浩特市、包头市、乌海市及周边地区等重点管控区大气污染防治。深入实施工业污染源全面达标排放计划，地级城市建成区内所有燃煤发电机组全部完成超低排放改造，淘汰关停不达标燃煤机组。推进交通运输污染全面治理。推进低空扬尘污染综合防治。扩大大气污染物特别排放限值执行范围，强化多污染物协同控制，基本消除重污染天气；加强水污染防治，强化"一湖两海"及察汗淖尔生态环境综合治理。加大对黄河内蒙古段干流、大黑河、浑河、昆都仑河、东河等主要支流及哈素海等重点湖库保护和治理力度，着力消除支流劣Ⅴ类断面。推进城镇污水管网收集体系建设，加快工业园区等开发区污水处理设施建设，加大再生水回用力度，再生水回用率不低于40％。强化饮用水水源地保护，基本消除城市黑臭水体；实行农用地污染风险区、有色金属冶炼、化工、电镀等行业建设用地风险分区管控，实施耕地土壤环境质量分类管理，推进重点行业重金属减排工程。强化固体废物污染防治，建设"无废城市"，促进减量化、资源化、无害化。开展塑料污染治理行动。加强农业面源污染防治，因地制宜推进农村牧区改厕、生活垃圾处理和污水治理，改善农村牧区人居环境。

积极应对气候变化。坚持减缓与适应并重，开展碳排放达峰行动。积极调整产业结构、优化能源结构、提高能源利用效率、增加森林草原生态系统碳汇，有效控制温室气体排放。建立健全碳排放权交易机制，深化低碳园区和气候适应型、低碳城市试点示范，大力推进应对气候变化投融资发展。探索重点行业碳排放达峰路径，积极构建低碳能源体系，重点控制电力、钢铁、化工、建材、有色等工业领域排放，有效降低建筑、交通运输、农业、商业和公共机构等重点领域排放，推动地方和重点行业落实自主贡献目标。提高城乡基础设施、农业林业和生态脆弱区适应气候变化能力。

健全环境管理制度。建立健全生态环境保护领导和管理体制、激励约束并举的制度体系、政府企业公众共治体系。全面推行排污许可制，推进排污权、碳排放权市场化交易。落实生态环境保护督察制度，推进生态环境保护执法规范化，开展生态环境保护民事、行政公益诉讼。完善生态环境损害赔偿制度，健全环境信用评价、信息强制性披露、严惩重罚等制度。建立稳定的财政投入机制，推动环境污染责任保险发展。

（3）推进绿色循环低碳发展　以生态优先、绿色发展为导向，以绿色技术创新为驱动，推进清洁生产，加快重点行业和重要领域绿色化改造，构建绿色循环低碳发展的绿色经济体系。

大力发展绿色循环经济。加快建立循环型工业体系，促进企业、园区、行业间链接共生和资源协同利用。鼓励粉煤灰、煤矸石、煤泥、炼渣及尘泥、化工废渣、冶金渣、尾矿、煤电废渣等固体废弃物综合利用，到 2025 年，工业固体废物综合利用率达到 50％以上。加快产业废弃物循环利用，积极推进再生资源回收利用。建设农业循环体系，深入推进农业生产控肥增效、控药减害、控水降耗、控膜提效"四控"行动，推动农作物秸秆肥料化、饲料化、燃料化、基料化和原料化利用。实施畜禽粪便资源化利用工程，加强农药包装废弃物和废旧农膜的回收、处理与综合利用。加强城市低值废弃物资源化利用，开展赤峰市、呼伦贝尔市、乌海市国家级餐厨废弃物资源化利用和无害化处理试点。促进生产和生活系统的循环链接，积极发展热电联产、热电冷联，鼓励城市生活垃圾和污水处理厂污泥能源化利用。鼓励城市再生水循环利用，开展再生水用于农业灌溉示范应用。推行生产者责任延伸制度。建立再生产品和再生原料推广使用制度和政府优先采购制度。推动园区绿色转型，实施园区循环化改造工程，实现生产过程耦合和多联产，提高园区资源产出率和综合竞争力。推进低碳园区、近零碳园区试点建设。

提高资源节约集约利用水平。落实节能优先方针，加强能源消费总量和强度双控，强化能耗源头管控，大力淘汰落后产能、化解过剩产能、优化存量产能，坚决遏制高耗能产业低水平重复建设。深挖节能潜力，实施重点高耗能行业能效达标对标及能效提升工程、煤电机组节能改造工程、既有居住建筑节能改造工程。全面强化重点领域节能，强化新建项目节能审查约束，加强重点用能单位节能监管，推动实施重点用能单位能耗在线监测。调整优化高耗能行业电价政策，全面取消高耗能行业优待类电价，调整高耗能企业电力市场交易模式，严格执行差别电价、惩罚性电价、阶梯电价政策。全面推行用能预算管理，优化能耗要素配置，优先保障居民生活改善和体现高质量发展要求的产业。严格节能监察，加大节能标准法规落实情况监察力度；落实最严格水资源管理制度，加强水资源消耗总量和强度双控，强化水资源开发利用控制红线、用水效率控制红线和水功能区限制纳污红线的刚性约束。坚持以水定城、以水定地、以水定人、以水定产，严格保护、科学利用水资源，优先保证生活用水，着力确保生态基本需水、粮食生产合理需水，优化配置生产经营用水。水资源短缺地区严控高耗水项目。发展高效节水农业，稳步推进水权转让和水权交易。实施雨洪资源利用、再生水利用工程，缓解水资源紧缺。到 2025 年，万元地区生产总值用水量较 2020 年降低 8%；落实最严格的耕地保护制度，健全耕地保护补偿制度，强化国土空间规划管控，合理调整优化建设用地结构和布局，降低工业用地比例，保障新型城镇化用地需求。强化土地节约集约利用，实施耕地质量保护和提升行动，确保耕地数量不减少、质量有提高。大力盘活城乡存量建设用地，推进城乡低效用地再开发和工矿废弃地复垦利用。完善产业用地配置方式，鼓励以长期租赁、先租后让、租让结合等方式供应产业用地，提高土地资源利用效率；强化矿产资源节约集约利用，将绿色发展理念贯穿矿产资源开发全过程，优化矿业开发区域布局，严格执行最低开采规模准入管理制度，推进矿山规模化集约化开采，提高矿业集中度。开展绿色矿山建设行动，推进准格尔—东胜、赤峰市北部、扎赉诺尔—伊敏自治区绿色矿山示范区建设，建立绿色矿山名录管理制度，强化绿色矿山建设监管。

完善绿色发展法规政策体系。修订自治区节约能源法实施办法，研究制定自治区循环经济、清洁生产地方性法规。加快建立健全能够充分反映市场供求和资源稀缺程度、体现生态价值和环境损害成本的资源环境价格机制，将生态环境成本纳入经济运行成本。建立健全节能、循环经济、清洁生产监督体系。倡导节约粮食，反对铺张浪费，坚持不懈制止餐饮浪费。开展节约型机关、绿色家庭、绿色学校、绿色社区、绿色出行、绿色商场、绿色建筑等创建行动。

（二）推进能源和战略资源基地绿色低碳转型

1. 内蒙古能源和战略资源的重要地位

（1）我国重要的资源储备库　内蒙古是我国发现新矿物最多的省份，在全国已发现的 171 种矿产资源中内蒙古就有 144 种，其中查明资源储量的矿种及亚种共 125 种。自 1958 年以来，中国获得国际上承认的新矿物有 50 余种，其中 10 种发现于内蒙古，包括钡铁钛石、包头矿、黄河矿、索伦石、汞铅矿、兴安石、大青山矿、锡林郭勒矿、二连石、白云鄂博矿。稀土查明资源储量居世界首位，包头白云鄂博矿山是世界上最大的稀土矿山。截至 2020 年底，有 103 种矿产保有资源储量居全国前十位。其中煤炭、稀土、铅、锌、天然碱等矿种居全国第一位。截至 2020 年，全区煤炭保有储量 194.47 亿吨、保有资源量 5 179.13 亿吨；其中储量在百亿吨以上的特大型煤田有 3 处。"十三五"时期，内蒙古是煤炭净调出量最大的省份之一，主要调往华东、京津冀、中南、东北地区及四川、重庆等地；已探明石油产地有 29 处，储量 5 万亿立方米，鄂尔多斯苏里格气田是我国最大的整装天然气田；风能储量 8.98 亿千瓦，其中技术可开发量达 1.5 亿千瓦，占全国风能陆地技术可开发总量的一半，居全国第 1 位；年日照时数 2 600～3 400 小时，太阳能年总辐射 4 599～7 884 兆焦/平方米，太阳能资源仅次于西藏，居全国第 2 位。

内蒙古大小河流千余条，其中流域面积在 1 000 平方千米以上的有 107 条，主要河流有黄河、额尔古纳河、嫩江和西辽河四大水系。大小湖泊星罗棋布，较大的湖泊有 295 个，面积在 200 平方千米以上的湖泊有达赉湖、达里诺尔和乌梁素海。内蒙古多年平均水资源总量为 545.95 亿立方米。其中，地表水 406.6 亿立方米，占总量的 74.5%；地下水 139.35 亿立方米，占总量的 25.5%（内蒙古自治区水利厅，2015）。松花江流域水资源总量最大，其次依次为辽河流域、黄河流域、西北诸河流域及海河流域。各盟市中，呼伦贝尔市水资源总量最大，乌海市水资源总量最小。

（2）我国重要的能源基地　内蒙古是电力大省，截至 2021 年，发电装机容量约 1.52 亿千瓦，居全国第 3 位；发电量约 5 952.6 亿千瓦时。其中，火电装机容量约 0.98 亿千瓦，居全国第 4 位；风电装机容量约 3 993 万千瓦，居全国第 1 位；太阳能发电装机约 1 341 万千瓦，居全国第 9 位。外送电量约 2 467 亿千瓦时，连续有 17 年领跑全国。

2. 重点目标任务

根据水资源和生态环境承载力，有序有效开发能源资源，加快用高新技术和先进适用技术改造能源产业和企业，提高能源资源综合利用效率，做好现代能源经济这篇"文章"，建设国家现代能源经济示范区。

(1) 构建多元化能源供应方式 立足于现有产业基础，加快形成多种能源协同互补、综合利用、集约高效的供能方式。坚持大规模外送和本地消纳、集中式和分布式开发并举，推进风光等可再生能源高比例发展，重点建设包头、鄂尔多斯、乌兰察布、巴彦淖尔、阿拉善等千万千瓦级新能源基地。到2025年，新能源成为电力装机增量的主体能源，新能源装机比重超过50%。推进源网荷储一体化、风光火储一体化综合应用示范。实施控煤减碳工程，有序释放煤炭先进产能。加快推动用能权交易和碳排放交易，建立碳排放强度考核机制。依托鄂尔多斯和乌海燃料电池汽车示范城市建设，发展规模化风光制氢，探索氢能供电供热商业模式，建设绿氢生产基地。加快发展重水堆、压水堆、高温堆等核电燃料制造，建设包头核科技创新示范产业园，推动核燃料民用化发展。

专栏4　新能源产业集群

（一）风能产业集群

发挥大型风电基地建设的带动效应，引进技术领先的风电装备制造商，发展先进风机整机及关键零部件生产制造。

（二）光伏产业集群

依托大型光伏发电基地建设，吸引光伏产业龙头企业入驻，推动晶硅材料生产向切片、组件发展，引进薄膜、聚光光伏生产线，培育光伏制造全产业链。

（三）氢能产业集群

利用风光制氢成本低和矿用重卡应用广优势，引进行业领军企业，发展新能源制氢、氢能装备制造、储运设施建设、氢燃料电池汽车应用。

（四）储能产业集群

借助新能源、智能电网、能源互联网等领域对储能的大规模需求，聚焦储能关键材料、核心部件制造、发展储能全产业链。

---

(2) 加强清洁、低碳、安全、高效利用 实施能源综合利用升级改造，加强煤炭分级分质利用，推进煤基多联产示范，加大煤矸石、洗中煤、煤泥综合利用，加快冷热电气一体化建设，构建工业园区能源"动力岛"。优化供能模式，探索推进绿色数据与算力中心供能模式，提高能源综合利用效率。开展效能赶超行动、碳排放对标活动和全民节能行动，全面推进重点领域和重点用能企业节能降碳，实施燃煤电厂节能改造。实施再电气化工程，加大充电基础设

施建设力度，推广"新能源＋电动汽车"智慧协同互动体系。实施"以电代煤""以电代油"，推进工业、交通、建筑（老旧小区改造）、居民领域电能替代，提升全社会电气化水平。实施数字能源工程，推进大型煤电、风电场、光伏电站等建设智慧电厂，所有生产煤矿建成智能煤矿，开展输气输油管网智能化建设，建设苏里格、大牛地、东胜等数字气田，建立智慧能源大数据平台，推进能源生产、储运、消费等环节数字化转型。煤炭产能动态稳定在 13 亿吨左右。

专栏5　煤炭绿色开发利用

（一）煤炭集聚集约发展工程

鼓励赋存条件好、安全有保障、机械水平高的井工煤矿，核增生产能力，增加有效供给。引导 60 万吨/年以下煤矿及水、火、瓦斯等重大灾害并存的老旧矿井有序退出，煤矿单矿平均产能提高到 300 万吨/年以上，提高优质产能占比。

（二）煤炭生态融合示范工程

在鄂尔多斯、乌海、锡林郭勒等采煤沉陷区、露天矿坑和排土场建设光伏电站，在上海庙、棋盘井等地区建设一批煤炭绿色开采试点示范矿井，促进矿区能源转型和生态修复。

（三）煤炭智慧产业示范工程

利用鄂尔多斯、包头等地区装备制造工业基础，推动智能化成套装备与关键零部件、工业软件研发，发展智能采煤机、井下机器人、露天煤矿无人驾驶等装备制造业。

（四）煤炭清洁高效利用工程

实施大陆、图克、霍林郭勒、扎哈淖尔等工业园区功能系统能源综合梯级利用改造，提高矿井水、固体废弃物再利用水平，开展蒙西高铝粉煤灰提取氧化铝技术研发和示范，推进煤炭地下汽化、煤层气（煤矿瓦斯）开发利用示范建设。

（3）推进能源基础设施现代化　实施灵活电网工程，打造蒙西电网"四横五纵"、蒙东电网"八横两纵"主干网架结构，积极推进甘迪尔至川长、宁格尔至巨宝庄、巴林至金沙至阜新（内蒙古段）等 500 千伏输变电工程。推动实施蒙西电网与华北主网异步联网工程，从根本上解决蒙西电网与华北主网弱联系问题。规划建设蒙西至河北、至天津、至安徽、至河南、至南网特高压绿色电力外送通道。推进柔性直流输电、智能局域电网和微电网等技术应用，以及

各类储能规模化示范。大力推动燃煤机组灵活性改造，提升用户侧智能需求响应能力。实施气化内蒙古工程，稳步扩大天然气生产能力，加大苏里格、大牛地、东胜等气田常规天然气勘探开发力度。建设松原至白城至乌兰浩特天然气管道和中俄东线天然气管道呼伦贝尔支线，推进察右前旗至化德输气管道、福安屯至开鲁至奈曼天然气管道等区内干线管道和旗县供气支线、工业园区供气支线建设，实现蒙西地区县县通气、蒙东地区市市通气。

（4）加快稀土资源综合开发利用 高效绿色开发白云鄂博稀土资源，提高回采率、选矿回收率和综合利用率，推进稀土、铁、铌、钪等共伴生资源高效分离提取，打造勘查、开发、利用、回收全产业链。依托包头稀土新材料产业园，加强稀土元素深度开发和综合利用，发展高端稀土功能材料、高纯稀土合金材料、高档数控机床用稀土磁性材料等高附加值产品。扩大稀土催化材料在钢铁、水泥、玻璃、汽车、火电、石油化工等行业应用。加快建设国内一流的稀土产品检验检测中心，积极开展稀土资源地质勘探详查，完善稀土交易中心功能，推动稀交所升级为国家级交易所，加快国家级稀土创新中心建设，增强内蒙古自治区稀土产品国际影响力。到 2025 年，稀土磁材产能达到 10 万吨，打造国家重要的稀土新材料生产基地和"中国磁都"。

（三）促进农畜产品生产基地优质高效转型

1. 内蒙古绿色农畜产品的重要地位

内蒙古耕地面积广阔，达 1 150.48 万公顷，居全国第二，种植业初步形成四大区域结构，即河套、土默川平原优质小麦草生产区，西辽河流域优质玉米生产区，大兴安岭岭东南优质大豆生产区，中西部优质马铃薯生产区。2021年全区农作物总播种面积 874.3 万公顷，其中，粮食作物播种面积 688.4 万公顷，经济作物播种面积 185.9 万公顷。粮食总产量达 3 840.3 万吨，油料产量222.7 万吨，甜菜产量 363 万吨，蔬菜产量 1 364.6 万吨，水果（含果用瓜）产量 340.8 万吨。粮食产量居全国第 6 位，人均粮食产量居全国第三位，是国家 13 个粮食主产区、5 个粮食净调出区之一，每年提供超过 1 000 万吨商品粮，为保障国家粮食安全做出贡献。内蒙古草原资源丰富，2021 年全区牧业年度牲畜存栏头数达 12 838.1 万头（只）。其中，生猪存栏 565.2 万头，牛存栏 732.5 万头，羊存栏 6 138.2 万只，家禽存栏 5 402.3 万只。全年肉类总产量 270.3 万吨，其中，猪肉产量达到 67.4 万吨，牛肉产量达到 68.7 万吨，羊肉产量达到 113.7 万吨，禽肉产量达到 20.5 万吨。牛奶产量 673.2 万吨，禽蛋产量 61.6 万吨。羊肉、羊绒、牛奶、马铃薯等资源储量均居全国之首，是国家重要的绿色农畜产品生产加工输出基地。从 1947 年成立自治区至今，内蒙古实现了从"调粮吃饭"到"营养中国"的跨越式发展。

2. 重点目标任务

坚持绿色兴农兴牧，深入推进农牧业供给侧结构性改革，积极发展资源节约型、环境友好型、生态保育型农牧业，提高农牧业质量效益和竞争力，增加优质绿色农畜产品供给。

（1）优化农牧业区域布局　以水资源和环境承载力为刚性约束，立足各地水土等农牧业资源禀赋和比较优势，推动农牧业生产向优势产区集中，构建优势区域布局和专业化生产格局，形成粮食安全产业带和优势农畜产品产业带，增强区域农畜产品应急保障能力。落实"藏粮于地、藏粮于技"战略，在嫩江流域、西辽河流域、土默川平原、河套灌区等粮食生产功能区，实施高标准农田建设工程，到 2025 年，高标准农田达到 5 500 万亩以上。加快推进抗盐碱农作物品种改良，实施盐碱地改良试验示范工程，在河套灌区、土默川平原和西辽河流域重点改良轻、中度盐碱地 200 万亩。开展东北黑土地保护利用和保护性耕作行动，保护黑土区耕地 430 万亩。坚持"农牧结合、为养而种""种养结合、以种促养"，实施国家绿色肉奶安全保障基地建设工程，大力推动奶牛、肉牛、肉羊和绒山羊向优势产区集聚，推动牛羊肉和牛奶生产大县建设，力争奶产量达到 1 000 万吨，打造以黄河流域、西辽河—嫩江流域及北方农牧交错带、北部牧区寒冷地区为重点的优质饲草产业带，重点建设呼和浩特中国草种资源库、锡林郭勒和呼伦贝尔高产优质饲草基地、阿鲁科尔沁百万亩优质首蓿产业基地，力争突破 3 000 万亩。

专栏6　绿色肉奶安全保障基地建设工程

（一）奶业振兴

在呼伦贝尔、锡林郭勒、呼和浩特、巴彦淖尔、通辽等地区，加强种源、奶源和饲草料基地建设，发展民族传统奶食品加工奶畜存栏达到 350 万头，奶产量达到 1 000 万吨，率先在全国实现奶业振兴。

（二）草原畜牧业转型升级

在阿巴嘎等 33 个牧业旗县，发展生态家庭牧场和牧民合作社，实施畜牧良种补贴政策，推动标准化生产和草原品牌培育，生态家庭牧场、合作社达到 3 万个以上。

（三）"良改饲"试点

支持玉米主产区、奶牛优势区和农牧交错带发展青贮玉米和优质牧畜，青贮和牧畜达到 2 500 万亩以上，建成 30 个中样结合大县。

（四）优质牧草种植基地

在赤峰、锡林郭勒、呼伦贝尔等地区建成高产优质人工草地 400 万亩以上，高产优质人工草地达到 3 000 万亩以上，年产优质牧草 300 万吨。

（五）优质牧草种子基地

在呼和浩特、鄂尔多斯、兴安盟建设优质牧草种子基地 60 万亩，培育牧草新品种，丰富牧草种植资源，提高牧草种子资源的自主性，逐步降低外源性依赖。

（2）增加绿色农畜产品供给 聚焦粮食生产功能区、重要农产品生产保护区和特色农畜产品优势区，实施优势特色产业集群提质升级计划，推动品种培优、品质提升、品牌打造和标准化生产。发挥赤峰、通辽、兴安盟和呼伦贝尔"世界黄金玉米产业带"和优质粳稻、大豆产区优势，优化种植结构，大力发展现代畜牧业，合理发展农畜产品精深加工，完善牛奶、玉米、肉牛、肉羊、羊绒、马铃薯、稻米、杂粮杂豆、小麦、向日葵、蔬菜、饲草料等产业链，因地制宜发展中药材（蒙药材）、燕麦、荞麦等特色产业，打造一批百亿级、千亿级优势产业集群。到 2025 年，国家级现代农业产业园达到 8 个。积极推进马铃薯主粮化。深入实施农牧业品牌提升行动，持续打造锡林郭勒羊、呼伦贝尔草原羊、昭乌达羊、科尔沁牛、乌兰察布马铃薯、兴安大米及民族奶食品区域公用品牌，培育全国知名区域公用品牌 30 个以上。建设伊利现代智慧健康谷、蒙牛中国乳业产业园，打造世界级企业和国际乳业品牌。以乌兰察布、赤峰、呼和浩特、呼伦贝尔为重点，提高鲜薯加工转化能力。支持河套全域、呼伦贝尔绿色有机高端农畜产品生产加工输出基地建设，突出绿色、天然、有机等品质，提升精深加工水平，农畜产品加工转化率达到 70%。努力构建粮经饲统筹、农林牧结合、种养加一体化、一二三产业融合的现代农牧业产业体系。

专栏 7　粮食安全保障工程

（一）高标准农田建设

在奈曼等 64 个粮食主产旗县建设高标准农田 500 万亩、改造中低产田 1 000 万亩。

（二）盐碱地改良试验示范

在河套灌区、土默川平原和西辽河流域重点改良轻、中度盐碱地 200 万亩，推动项目区盐碱化耕地改良、提高耕地质量水平，达到高标准农田。

（三）黑土地保护利用

在呼伦贝尔市、兴安盟等地区保护黑土地耕地 300 万亩。

（四）耕地轮作休耕试点

实施耕地轮作 900 万亩、休耕 500 万亩，推动耕地用养结合，提升耕地质量。

（五）绿色高质高效生产示范县

对 20 个示范旗县减药、减肥、节水等技术推广进行补贴，推动农牧业绿色发展。

（六）保护性耕作行动

在东部盟市 36 个旗县（市区）和 2 个农垦集团开展保护性耕作推进行动，保护性耕作实施面积达到 2 950 万亩以上。

（3）完善农牧业服务体系　实施现代种业提升工程，加强种质资源保护和利用，实施畜禽遗传改良计划，农作物良种繁育基地稳定在 130 万亩以上。畜禽、农作物优良品种达到 10 个以上。实施基层农牧业科技服务行动，构建以农牧业科技园区、星创天地、科技特派员等为重点的基层农牧业科技服务体系，农牧业科技园区达到 65 个。提升农牧业机械化水平，农作物耕种收综合机械化达到 88%，畜牧业综合机械化率达到 50%。实施农牧业品质提升工程，支持标准化生产。实施农畜产品质量安全监管能力提升工程，农畜产品质量安全合格率达到 98% 以上。培育壮大龙头企业，建立更加有效更加长效的利益联结机制，农企利益联结机制比例稳定在 85% 以上。

专栏 8　农牧业产业体系建设工程

（一）现代农牧业产业园

围绕牛奶、玉米 2 个千亿级产业，肉羊、肉牛、羊绒、马铃薯、小麦、杂粮、向日葵和蔬菜等 8 个百亿级产业，创建国家级产业园 5 个、自治区级产业园 40 个。

（二）农牧业强镇

围绕扶持壮大乡土经济、乡村产业和产业融合发展，建设农牧业强镇 50 个。

（三）农畜产品仓储保鲜冷链物流

在特色农产品优势区、鲜活农畜产品主产区、果蔬大旗县（市区）等建设 1 000 个产地田头仓储保鲜设施，建设分拣包装、冷藏保鲜、仓储运输和初加工等设施，提升农产品仓储保鲜能力和冷链流通率。

（四）优势特色产业集群

围绕奶、肉羊、肉牛、马铃薯、向日葵、饲草料等优势特色产业，推动一二三产业融合，打造全产业链发展模式，实现农牧业集群发展。

推动形成以生态优先、绿色发展为导向的国土空间布局。坚持共抓大保护、不搞大开发，立足资源环境承载能力，发挥各地比较优势，按照主体功能定位优化重大基础设施、重大生产力和公共资源布局，逐步形成生态功能区、农畜产品主产区、城市化地区三大空间格局，最大限度保护生态环境、培植绿色发展优势。生态功能区的主体功能定位是保护生态环境、提供生态产品，加大生态保护修复政策措施和工程任务落实力度，促进人口逐步有序向城镇转移并定居、落户；农畜产品主产区的主体功能定位是加强生态环境保护建设，推进绿色兴农兴牧，提供优质绿色农畜产品，优化农牧业布局，推动农牧业向优质高效转型，保障国家粮食安全，禁止开展大规模高强度工业化城市化开发，禁止开发基本农田，严禁占用基本草原；城市化地区的主体功能定位是以保护基本农田和生态空间为前提，提供工业品和服务产品，高效集聚经济和人口，高质量集中特色优势产业，形成新的增长极增长带。强化国土空间用途管制，把"三区三线"作为调整经济结构、规划产业发展、推进城镇化不可逾越的红线，加快形成主体功能明显、优势互补、高质量发展的国土空间开发保护新格局。

第四章

内蒙古绿色发展实践经验与启示

一、库布齐沙漠治理模式探索

（一）基本情况介绍

库布齐沙漠位于鄂尔多斯盆地北部，横跨鄂尔多斯市杭锦旗、达拉特旗和准格尔旗，总面积 1.86 万平方千米，形态以沙丘链和格状沙丘为主，流动沙丘约占 61%，是我国第七大沙漠，也是距首都北京最近（直线距离 800 千米）的沙漠。沙漠西、北、东三面均以黄河为界，地势南部高、北部低，南部为构造台地，中部为风成沙丘，北部为河漫滩地，沙漠西部和北部因其地靠黄河为黄河阶地。20 世纪至 21 世纪初我国沙尘暴最严重的时期，这里曾是最主要的沙源地之一。

20 世纪 80 年代末以来，库布齐地区坚持绿化治理沙漠，植树、种草面积达 6 000 多平方千米，在水资源较为丰富的地区创建了沙漠绿洲；修建"穿沙公路"，形成了 230 平方千米的隐性植被带横穿库布齐沙漠，实现脆弱的生态景观向多元化方向发展。农业治沙、工业治沙、能源治沙、旅游治沙，创造出极大经济效益、社会效益和生态效益，在贫瘠的土地上成功走出"科技带动企业发展，产业带动规模治沙，生态带动民生改善"的生态、经济、民生平衡驱动可持续发展的"库布齐模式"。自 2007 年开始创办的库布齐国际沙漠论坛，是全球唯一致力于推动世界荒漠化防治和绿色经济发展的大型国际论坛，已成为我国国家机制性大型涉外论坛，连续成功举办了 8 届，发挥了重要对外交流宣传合作引领作用。2012 年 6 月，库布齐沙漠生态文明被列为联合国"里约＋20"峰会重要成果向世界推广。联合国环境规划署将库布齐沙漠确定为"全球沙漠生态经济示范区"，并在 2017 年鄂尔多斯举办的《联合国防治荒漠化公约》第十三次缔约方大会上，继 2015 年 12 月 1 日巴黎气候大会之后再次向世界发布了《中国库布齐生态恢复与财富创造商业模式报告》，对库布齐 30 年治沙成果进行全面总结，对库布齐机制与模式进行综合提炼，认定库布齐沙漠共计修复绿化沙漠 969 万亩，固碳 1 540 万吨，涵养水源 243.76 亿立方米，创造生态财富 5 000 多亿元，带动当地民众脱贫超过 10 万人。这次会议来自 196 个公约缔约方、20 多个国际组织的正式代表约 1 400 多人出席会议，发布了《鄂尔多斯宣言》，达成了实现 2030 年全球土地退化零增长目标等多项成果。库布齐模式成为全球首个被联合国和国际社会认可的沙漠治理中国方案和中国生态文明建设案例。

自 20 世纪 80 年代末，以亿利资源集团为代表的当地企业带动广大农牧民，通过各项措施治理和改善库布齐沙漠地区的状况，利用科学有效的方法减缓及阻止沙漠化的进程，立足环境、资源实际持续加大开发利用力度，有效促进了生态治理和经济的发展。30 多年时间，共投入生态修复资金 30 多亿元、生态产业发展性资金 380 多亿元，发展了千亿级规模的沙漠绿色经济。目前，库布齐沙漠区域内从事沙漠生态经济发展的企业共有 40 余家，其中以响沙湾、七星湖、神泉为代表从事沙漠旅游的企业有 11 家，以亿利为代表从事光伏发电的企业有 8 家，以亿利甘草为代表从事沙漠种养殖的企业和以东达刨花板生产为代表从事生态工业的企业超过 20 家，已初步形成了"生态修复、生态工业、生态光能、生态农牧业、生态健康、生态旅游"互促互进的生态产业，实现了一二三产业融合发展。

（二）主要做法和成效

1. 主要做法

（1）通过开发当地资源率先发展，推动沙漠旅游业进入规模化发展阶段

库布齐沙漠旅游业起步较早，1999 年，民营企业家王文俊从达拉特旗政府手中承包了位于库布齐沙漠东部的响沙湾旅游区，至 2017 年累计投入 16 亿元，现已建成国家 5A 级景区。2016 年当年接待游客 78 万人次，营业收入 2 亿元，实现利税 3 500 多万元，安置就业 1 000 多人。以响沙湾为起点，之后陆续有从事煤炭、房地产、羊绒等行业的多家企业进入库布齐沙漠，开发项目、建设景区。目前，库布齐沙漠里已建成旅游景区 11 个，其中 5A 级 1 个、4A 级 5 个，还有全国首个四星级房车营地，以及中青旅等投资的汽车运动基地和乌托邦国际沙漠旅游综合体等。截至 2016 年底，库布齐沙漠旅游累计投资接近 60 亿元，当年接待游客 150 多万人，旅游收入 3.15 亿元，实现利润 1.1 亿元，上缴税收约 3 500 万元，安置就业近 5 000 人。库布齐沙漠已经成为我国 A 级景区最为密集、旅游效益最为明显的沙漠。

库布齐沙漠主要的旅游区和项目：①响沙湾景区。为国家 5A 级和国家文化产业示范基地，位于达拉特旗的库布齐沙漠，1999 年公司成立至今，累计投入 16 亿元。2016 年度共接待游客 78 万人次，营业收入 2 亿元，实现利润 1 827 万元，纳税 1 700 万元，安置就业约 1 000 人。②七星湖沙漠生态旅游区。为国家 4A 级，累计投入资金 17.09 亿元，年接待游客 10 万人，营业收入 1 926 万元，安置就业 3 500 人。③银肯塔拉生态旅游区。为国家 4A 级，位于达拉特旗的库布齐沙漠，开发面积 8 万亩，累计投入资金 3.8 亿元。2016 年，接待游客 12 万人，旅游收入 3 800 多万元，利润 1 800 多万元，安置就业 200 余人。④神泉旅游景区。为国家 4A 级，位于准格尔旗十二连城乡黄河岸边，景区总占地面积 3 平方千米，累计投入资金 1.8 亿元，年接待游客约 30 万人次，年收入约 3 000 万元，实现利润 1 000 余万元，利税 200 万元，安置就业 180 人。⑤水镜湖旅游景区。为国家 4A 级，位于准格尔旗布尔陶亥苏木李家塔村，总占地面积 280 万平方米，规划总投资 6 亿元，累计投入资金 3.2 亿元，实现营业收入 400 万元，利税 20 万元，安置就业 100 余人。⑥汽车运动基地项目。该项目集体验、户外、观光于一体，在"文化创意＋"的模式下与多种元素叠加，形成与文化、科普、科技相结合的多样汽车运动形式，是强复合型的健身休闲项目。项目位于准格尔旗大路镇，2018 年 8 月进入试运营，年接待游客将逐步达到 25 万人次，年收入达到 1 亿元，安置就业 200 人。⑦库布齐·乌托邦国际沙漠旅游综合体项目。位于达拉特旗的库布齐沙漠，拟由内蒙古中青旅投资开发有限公司投资百亿元，已签订合作协议。首期工程拟建设汽摩露营和低空飞行系统，总投资 6.2 亿元，总建筑面积约 7 万平方米，年收入约 1.5 亿元。总的来看，库布齐沙漠旅游发展势头强劲，规模不断扩大，接待游客人数逐年增加，已进入规模化发展阶段，正在形成一个集食、宿、行、游、购、娱为一体的多业态产业群。

(2) 通过灌木林种植带动多种沙产业跟进，推动沙产业呈现多元发展态势

始终秉持"宜草则草、草畜平衡、静态舍养、动态轮牧"原则，依托种质资源研究成果，利用沙柳、柠条、甘草、紫花苜蓿等高蛋白沙生灌木及草本资源，创新乳酸菌植入、纤维素糖化技术，有效促进了有机饲料产业规模化发展。同时，以"公司＋农户"的合作形式，在生态修复区适度养殖羊、地鹏等本土化畜禽，实现"农、林、牧、草、畜"循环利用和良性互动发展。比如，1998 年东达蒙古王集团收购达拉特旗造纸厂，成立了东达纸业公司，尝试用当地沙漠中最主要的植物——沙柳造纸。同时成立东达生态公司，开始研究并大规模种植沙柳（到目前已累计投资 29 亿元，种植沙柳 300 万亩）。以此为契机，带动和扶持当地农牧民承包沙漠、种植沙柳、养殖绒山羊。沙柳每三年平茬（割）一次，每亩收入 300 多元，相当于每亩每年收入 100 元。农牧民每承包种植 1 000 亩沙柳，每年即可收入 10 万元。同时沙柳的嫩梢和叶子还可以养羊、养牛，养殖业也得到了一定程度的发展。与此同时，亿利资源集团先后投入 3.81 亿元在库布齐沙漠大规模种植甘草，并用甘草制药（到 2016 年已种植 220 万亩，年产甘草 30 万～40 万千克，年产值近 5 200 万元，实现利润 153 万元）。随后有绿远、地康参、漠菇、羚丰、恩和、汉森、伊泰北牧等十多家企业和农牧民合作社跟进，从事肉羊、肉牛、奶牛、獭兔养殖，肉苁蓉、锁阳、沙枣、沙棘、红枣、蘑菇种植，以及林下产品、药品开发。此外，还有蒙西、兴辉陶瓷、同圆生态等企业直接用风积沙生产地砖、墙砖、市政渗水砖、陶瓷、水泥等产品，有的企业利用沙柳、杨柴、柠条等生物质资源发电及生产有机饲料等。到目前，在库布齐沙漠开展种养业、加工业和以沙子为原料从事沙产业的企业已有 20 多家，总投资 45 亿元，年产值达到 6 亿元，年利润超过 5 000 万元。

（3）通过发展沙漠光伏产业，带动生态与能源互动进入新阶段 立足库布齐充足日照条件，2011 年，东达集团 8 兆瓦"金太阳"光伏发电项目获得审批建设，2015 年 3 月，库布齐龙头企业亿利资源集团联合国内外数十家大型企业和金融机构发起设立了"绿丝路基金"，首期募集达 300 亿元，主要投资"丝绸之路经济带"沿线生态光伏和生态光热能源产业，有力推动了库布齐沙漠光伏产业发展。目前，多家企业在库布齐沙漠投资达 51.24 亿元，建成光伏发电项目 8 个，总装机达到 573 兆瓦，年发电量约 9 亿千瓦时，实现年产值 8.7 亿元，利润 2.38 亿元。规划建设光伏发电项目 3 个，总装机容量 2 700 兆瓦，规划总投资约 272 亿元。比如，亿利资源集团 2015 年建成的 310 兆瓦光伏治沙发电项目，投入资金 27 亿元，年发电 5 亿千瓦时，实现销售收入 4.5 亿元，利润 1.4 亿元。项目建设运营期内帮助贫困户 800 余户，创造 1 000 余个就业岗位，增加农牧民收入 1 900 余万元。正利 110 兆瓦光伏治沙发电项目，投入资金 8.94 亿元，年发电 1.56 亿千瓦时，实现销售收入 1.38 亿元，利润 0.6 亿元。蒙锦汇 100 兆瓦光伏治沙发电项目，一期 30 兆瓦项目已于 2016 年 6 月并网发电，投入资金 2.4 亿元，年发电 4 228 万千瓦时，实现销售收入 3 805 万元，利润 761 万元。实践证明，依托库布齐沙漠丰富的太阳能资源，适合大规模的太阳能光伏发电和光热发电项目建设，而且发展光伏＋农林，利用光伏板下方和占地间的空隙，穿插种植沙生经济植物，积极推广"治沙＋发电＋种植＋养殖＋扶贫"的产业发展模式，大力发展循环型现代农牧业，可以使大量沙漠荒地得以高效利用，实现生态与经济的可持续发展。

（4）建立种质资源库，为治沙绿化提供基础条件 在推动库布齐沙漠治理的生动实践中，亿利等企业通过乡土植物培育，抗旱、耐旱、抗寒、耐盐碱植物的引种、驯化、扩繁等研究，筛选出大量适宜沙漠及干旱地区生长的沙柳、柠条、沙地柏、杨柴等植物，建立了国家林业和草原局批准的库布齐濒危和沙生植物国家林木种质资源库。资源库在保护我国西北干旱沙漠地区珍稀濒危植物和灌木良种化方面发挥了重要作用。

（5）发展沙漠生态健康产业，实现沙漠治理与人的健康有机结合　依托库布齐围封补种和半野生栽培的 220 万亩乌拉尔甘草和 30 多万亩肉苁蓉等中药材，亿利、东达等地方企业建立了甘草、肉苁蓉等中药材规模化生产基地，研发了亿利甘草良咽、清开灵滴丸、蓉蛾益肾口服液、复方甘草片和复方甘草口服液等特色中蒙药系列产品。驰名中外的"梁外甘草（乌拉尔甘草）"、与汇源集团合资生产的"沙小甘"等健康饮品，成功打造了沙漠生态健康产业链。

综上所述，近年来，随着库布齐沙漠绿化面积的大幅增加和生态环境的进一步改善，整个沙漠地区的休闲度假游快速成长，绿色有机农牧业高速发展，清洁能源成倍增加，天然药业、灌木深加工、制砖制陶及现代智能产业等日益壮大。库布齐沙漠的生态产业体系正在不断完善，生态经济结构已进入持续优化阶段。同时，一大批企业进入沙漠，让人们实实在在看到了沙漠的资源属性和要素价值，一批产业持续发展壮大，又让更多的企业看到了自身发展的新空间和产业发展的新领域，推动了越来越多的企业参与库布齐沙漠地区经济发展建设，从而形成了如今库布齐沙漠生态经济的规模化矩阵和全国性、世界性影响。

2. 取得的成效

在各级党委政府、沙区群众和亿利资源集团等企业的共同努力下，库布齐成为世界上唯一被整体治理的沙漠，用实际行动践行习近平总书记生态文明思想。亿利集团在库布齐坚守治沙 30 多年（自 20 世纪 80 年代末算起），投入产业治沙资金 300 多亿元、公益治沙资金 30 多亿元，规模化治理沙漠 910 多万亩，带动库布齐及周边群众 10.2 万人脱贫致富。30 多年来，亿利人始终积极响应内蒙古自治区把荒漠化防治作为建设我国北方重要生态安全屏障、促进经济社会可持续发展的战略举措。特别是党的十八大以来，在习近平生态文明思想的指引下，亿利人牢固树立和践行"绿水青山就是金山银山"理念，综合施策推进荒漠化防治，取得了积极成效，积累了丰富经验，成功实现了生态效益、社会效益和经济效益的有机统一。

（1）生态效益　经过亿利集团和当地农牧民 30 多年坚持不懈的治理，库布齐沙漠已经形成了一个小气候，沙尘天气明显减少，降雨量显著增多，生物多样性大幅恢复，把沙尘挡在了塞外，把清风还给了京津冀地区。沙尘天气由 1988 年的 50 多次减少到了 2016 年的 1 次；降雨量显著增多，生物多样性增长到 530 多种，植被覆盖率达到了 53%，30 多年来，库布齐沙漠沙地面积减少了 29％，整个库布齐沙漠的沙丘高度较 30 多年前整体下降了 50％，流动沙地面积减少，半固定、固定沙地面积显著增加，总体趋势向好。其中：流动沙地面积减少 26.05 平方千米，约占总面积 29.34％；半固定沙地增加 5.87 平方千米，约占 6.61％；固定沙地增加 22.04 平方千米，约占 22.75％。截至 2018 年 4 月底，共完成库布齐沙漠治理总面积 910.72 万亩，包括人工造林 185.21 万亩、甘草围封补播种植 132.57 万亩、飞播造林 480.53 万亩、封沙育林及封禁保护 112.41 万亩。100 多万亩的沙漠上出现了生物结皮和黑色土壤，具备了农业耕作的条件，被专家称为"沙漠奇迹"。

（2）社会效益　首先是沙漠里的人的思想观念变了，经过 30 多年的治理，沙漠里的人重新认识了沙漠，他们不再害怕沙漠，开始认为沙漠不仅可以治理、利用，而且可以致富，是资源，是机遇。其次是生产生活方式变了，他们由过去的散居游牧、靠天吃饭转变为多种方式就业，生态改善、经济发展，促进了民族团结、社会和谐。

在各级政府、企业、金融机构、科研机构及当地群众的共同努力下，库布齐沙漠成为全球唯一一座被整体成功治理的沙漠。库布齐治沙模式成为国务院政策研究室、中共中央政策研究室、中国人民政治协商会议全国委员会人口资源环境委员会、国务院扶贫开发领导小组办公室、中华全国工商业联合会、国家林业和草原局、国家能源局等部门，以及人民日报、新华通讯社等媒体关于生态文明和治沙扶贫的重点调研对象。多项库布齐调研报告报送中央。库布齐成果和模式被作为中国乃至国际社会生态文明和绿色发展的典型案例在国内推广。2001 年，鄂尔多斯达拉特旗荒漠化综合治理试验站被人事部确立为"博士后科研工作站"。2009 年亿利资源集团库布齐沙漠七星湖新能源基地被科学技术部确定为"国家沙漠新能源科技成果转化基地"与"国际科技合作基地"；2010 年，亿利资源集团被中华人民共和国国家林业局、中华人民共和国教育部、中国共产主义青年团中央委员会、中国生态文化协会等单位确立为"全国生态文化示范基地"；2011 年，亿利资源集团被中国人民政治协商会议、中共中央统一战线工作部、中华人民共和国发展和改革委员会、中华人民共和国国家林业局确定为首个"中国沙漠化防治试验示范基地"。2012 年 11 月，国家林业局组织治沙办公室、内蒙古自治区林业厅、鄂尔多斯及杭锦旗林业局四级林业部门就亿利集团防沙治沙和沙产业发展情况进行调研，高度肯定了亿利库布齐治沙、生态、产业和扶贫工作取得成果，认定亿利集团截至 2012 年治沙绿化 5 153 平方千米的成果，并经时任国家林业局局长赵树丛批示在《全国林业要情》上刊发调研报告，向全国推广亿利产业化治沙经验。2014 年 9 月被中华人民共和国国家林业局、中华人民共和国教育部、中国共产主义青年团中央委员会授予内蒙古库布齐沙漠亿利生态治理区"国家生态文明教育基地"称号。库布齐沙漠亿利生态治理区成为我国首个企业实施的"国家生态文明教育基地"。2017 年 11 月 23 日，中华人民共和国国家林业局党组报中共中央《关于库布齐防沙治沙的报告》（林发〔2017〕40 号），建议中央将库布齐作为全国生态文明建设的重大典型，广泛宣传库布齐治沙的可喜成绩，在国内外推广亿利库布齐的治理模式，为美丽中国和全球荒漠化治理做出更大贡献。

（3）经济效益　30 多年来，亿利集团投入产业资金 300 多亿元、公益资金 30 多亿元，形成了"生态修复、生态牧业、生态健康、生态旅游、生态光能、生态工业"的"六位一体"沙漠生态产业体系，创造出一二三产融合互补的沙漠生态循环经济，在不毛之地上生长出 6 000 多平方千米绿洲，生长出有机味美的水果蔬菜，生长出药性良好的甘草、苁蓉道地药材，创造生态财富 5 000 多亿元，生长出几十万个绿色富民的就业岗位，累计带动沙区 10.2 万名群众彻底摆脱了贫困，贫困人口年均收入从不到 400 元增长到目前 1.4 万元。近年来，亿利集团携带库布齐积累的种植资源、生态修复工艺包，进入中国河北坝上、新疆南疆，以及蒙古国等荒漠化地区，承接国家重大生态修复工程；创新开发生态有机饲料、有机肥料为主的生态工业，到 2020 年，有机肥料、有机饲料生产规模分别达到 1 000 万吨；亿利集团充分利用沙漠每年 3 180 小时日照的资源，创新"治沙＋发电＋种植＋养殖＋扶贫"的生态光伏产业模式，在库布齐沙漠规划了 1 000 兆瓦，治沙面积 2 万亩，每年发电 5 亿千瓦时。实现"板上发电、板间养殖、板下种草"能源治沙。亿利健康产业依托 220 万亩甘草基地和 30 多万亩苁蓉中药材，健康药品亿利甘草良咽、复方甘草片等；年接待旅客 20 多万人次的库布齐沙漠生态旅游，年销售收入达到 1.4 亿元。让更多人关注沙漠的同时也为当地带来了可观的旅游收入，通过一二三产业融合发展，让库布齐荒漠绽放出前所未有的活力。

（三）经验启示

在习近平生态文明思想的指引下，亿利集团按照内蒙古自治区建设北方绿色生态屏障总体要求，带领库布齐沙区 10 万多群众按照生态产业化、产业生态化的模式推动库布齐沙漠治理，实现治沙、生态、产业、扶贫"四轮"平衡驱动发展，取得显著成效。

1. 库布齐治沙践行习近平生态文明思想"人与自然和谐共生"的科学自然观，实现沙区生存、生产、生活的根本性转变

库布齐沙漠的出现本质上就是人与自然不能和谐共生的结果。库布齐地区在历史上曾经是"风吹草低见牛羊"的大美之地，后来人类过度的活动破坏了这一地区的生态平衡，从而出现了沙漠，形成了沙害，严重危及当地百姓的生产生活，危及黄河安澜，危及中国北方地区的生态安全。亿利集团从一开始就深刻认识到，防沙治沙不能仅仅停留在"沙进人退"还是"人进沙退"这一机械思维层面，而必须找到人与沙的关系的最佳平衡点，在这一平衡点上，人与沙的关系实现了和谐共生、和平相处、和睦共存、各得其宜。库布齐经过30多年的治理，不仅让土地变了，气候变了，生物多样性变了，而且人的思想观念变也变了。库布齐人重新认识了沙漠，不再害怕沙漠，认知到沙漠不仅可以治理利用，而且可以和谐相处，靠沙致富。

2. 库布齐治沙践行习近平生态文明思想"山水林田湖草沙是生命共同体"的整体系统观，实现立体化、系统化治沙

加强生态系统建设是防沙治沙的关键。亿利治沙人经过长期实践，探索出以沙柳、甘草等灌木半灌木为主，乔木和牧草为辅的"地下种甘草软黄金、地下种乔灌木防风林"立体绿化模式。沙柳生命力顽强，用其扎成网格沙障，可固定流沙，保护路基。甘草是"固氮工厂"，甘草新技术将竖着长的甘草变为横着长，单棵绿化面积从0.1平方米提高至1平方米，沙地改良作用明显。自20世纪80年代末以来，经过30多年立体化、系统化防沙治沙，亿利人让一个黄沙漫漫的负生态系统变成了绿洲、降雨、生物多样性、生态环境有机共生的生态系统，以绿洲涵养水源、增加降水，以水量保护和丰富生物多样性，从而减少沙尘天气，改善生态环境，完成了从荒漠黄沙向绿水青山的转变，构建起"沙水林田湖草动物和人"和谐相处的整体生态系统，环环相扣，生生不息。

3. 库布齐治沙践行习近平生态文明思想"绿水青山就是金山银山"的绿色发展观，构建起以生态为底色、一二三产融合发展的沙漠绿色经济循环体系

亿利人从治沙伊始，就埋下了沙漠经济种子，在实践中丰富沙漠经济学理论，在治理沙漠、发展沙漠经济过程中逐步践行保护生态环境就是保护生产力、改善生态环境就是发展成产力的科学论断，构建起以生态为底色、以"平台＋插头"为模式的"防沙治沙—生态修复—产业开发—土壤改良""一二三"产业融合发展的生态循环产业链。通过开发本土化耐寒旱、耐盐碱种质资源，挖掘开发甘草、苁蓉、有机果蔬等种植加工业，开展农业治沙。利用工业废渣和农作物秸秆，发展土壤改良剂、复混肥、有机肥料等制造业推动工业治沙。充分利用沙漠每年3 180小时日照的资源，建成了310兆瓦的沙漠光伏项目，"板上发电、板间养殖、板下种草"，进行能源治沙。联合数十家大型企业和金融机构发起设立了"绿丝路基金"，通过金融手段撬动更多资金，投资沙漠产业，推动金融治沙。依托沙漠自然景观，大漠星空和 30 多年沙漠生态成果，建设库布齐国家沙漠公园推动旅游治沙。通过一二三产业融合发展，促进大生态与大扶贫、大数据、大旅游、大健康、大光伏等融合发展，走出一条速度快、质量高、百姓富、生态美的绿色发展新路。

4. 库布齐治沙践行习近平生态文明思想"良好生态环境是最普惠的民生福祉"的基本民生观，带动 10 万群众脱贫致富奔小康

生态是水，扶贫是舟。库布齐沙漠流动沙丘约占 61%，恶劣的生态环境成为制约沙区经济发展和农牧民致富的最大瓶颈。治理沙漠、改善生态环境，成为最紧迫、最基础，也是最长远的扶贫。自 20 世纪 80 年代末以来，在各级党委、政府的支持下，亿利集团依托"绿起来与富起来相结合、生态与产业相结合、生态治理与企业发展相结合"的发展模式，通过实施"生态修复、产业带动、帮扶移民、教育培训、修路筑桥、就业创业、科技创新"等全方位帮扶举措，公益性生态建设投资 30 多亿元，产业投资 300 多亿元，累计带动库布齐沙区及周边大约 10.2 万名农牧民摆脱了贫困，贫困人口年均收入从 20 世纪 80 年代末不到 400 元增长到目前 1.5 万元。特别是党的十八大以来，带动脱贫 3.6 万人，把库布齐沙漠从一片"死亡之海"打造成为一座富饶文明的"经济绿洲"，从当初被动治沙、朦胧扶贫逐步探索出"治沙、生态、产业、扶贫"四轮平衡驱动的可持续发展之路。在库布齐的绿色发展过程中，广大农牧民成为最广泛的参与者、最坚定的支持者和最大的受益者，他们以"沙地业主、产业股东、旅游小老板、民工联队长、产业工人、生态工人、新式农牧民"的 7 种新身份，实现脱贫致富。这种模式和机制，已经走出了库布齐，亿利的生态业务走到哪里，他们跟到哪里，带动更多西部地区的贫困户脱贫致富。

5. 库布齐治沙践行习近平生态文明思想"最严格生态环境保护制度"的严密法治观，保护来之不易的沙漠生态文明建设成果

2000 年，鄂尔多斯市开始实施"转移收缩"战略，划分了农牧业禁止开发区、限制开发区和优化开发区，开全国之先河推行禁牧、休牧和划区轮牧政策，要农区、半农半牧区、国家重点生态工程区、生态恶化区实行全年禁牧，其余地区实行 4—6 月休牧，休牧结束后以草定畜。对于世世代代"逐水草而牧"的草原牧民来说，这无疑是一场颠覆性的重大变革。2000 年以来，先后转移 40 多万农牧民，整体退出区达到 2.3 万平方千米，让草原休养生息，让农牧民改善生产条件，生态建设实现由分散治理向集中恢复转变。同时，鄂尔多斯市的林业部门专门为库布齐配备了森林公安，不间断巡逻检查偷采偷牧情况，发现问题进行严肃处理，在沙区建立起威严的生态执法。

亿利集团将来之不易的生态建设成果视为他们的命根子，对沙漠生态成果保护实行一票否决制；制定铁一般的制度禁止沙漠里乱砍滥伐，乱批乱建；专门出台了亿利集团沙漠生态管理办法、禁休牧管理办法、防火防采管理办法等一揽子规章制度，成立了督查工作队、禁牧工作队、管护工作队，全天候不定期巡回检查，保护生态成果。

6. 库布齐治沙践行习近平生态文明思想"共同建设美丽中国"的全民行动观，实现社会化、多元化共同治理库布齐

一花独放不是春，百花齐放春满园。党的十八大以来，库布齐治沙按照"创新、协调、绿色、开放、共享"的新发展理念要求，全面引入社会力量多元化推动治沙。通过争取，库布齐被共青团中央、教育部、国家林业和草原局认定为全国生态文明教育基地，依托这一平台，企业与巴彦淖尔市、包头市等周边地区的教育部门共同开展"青少年沙漠生态研学"旅游，组织初高中生实地开展生态文明教育课程，累计有 10 万名学生参加了生态文明教育。2017 年以来，借助移动互联网发展大势，引入蚂蚁森林公益植树项目，蚂蚁集团出资，亿利生态植树，在内蒙古、甘肃等荒漠化地区种植沙柳、梭梭近 300 万棵。有 3 亿多支付宝用户了解或参与了库布齐治沙，其中很大一部分是 80 后、90 后网民。按照这种模式，亿利集团引入了兴全基金、兴业证券等机构发动用户参与治沙。同时与联合国环境规划署、联合国防治荒漠化公约组织、世界自然保护联盟、清华大学、人民大学、北京大学、内蒙古农业大学、天津科技大学等几十家机构组织和高校合作，共同开展沙漠治理课题研究、生态环境教育、治沙国际传播，扩大了库布齐的国际影响力。

7. 库布齐治沙践行习近平生态文明思想"共谋全球生态文明建设之路"的共赢全球观，向世界分享库布齐治沙经验成果

亿利集团从一开始就深刻认识到"库布齐模式"的世界意义，积极向全世界推介这一模式并得到广泛认同。自 2007 年以来，中共中央统一战线工作部、内蒙古自治区、科学技术部、国家林业和草原局、农业农村部、生态环境部、国土资源局、中国科学院等协同联合国环境规划署、联合国防治荒漠化公约组织创办了库布齐国际沙漠论坛，并连续成功召开了 8 届库布齐国际沙漠论坛。

库布齐治沙模式得到了国际社会的高度肯定。2017 年 6 月，联合国环境署执行主任索尔海姆在考察了库布齐治沙成果之后认为，应该重视和重新认识沙漠，兴沙之利，避沙之害。他希望把库布齐治沙模式介绍给"一带一路"沿线饱受沙漠之苦的非洲、中东、中亚等地区各国，让世界分享库布齐治沙经验。在 2017 年 12 月 5 日举行的联合国环境大会上，库布齐治沙带头人、亿利集团董事长王文彪获得联合国颁发的生态环保最高荣誉"地球卫士终身成就奖"，王文彪也成为第一个获得该奖项的中国人。

二、鄂尔多斯市准格尔旗准能矿区生态修复示范区建设探索

准格尔旗地处黄土高原，面对"七山二沙一分田"的生态环境，党委政府坚定生态优先、绿色发展之路，取得了实效，荣获中国百强县、全国水土保持生态文明县（旗）及国家园林县城等诸多荣誉。准格尔旗以准能矿区生态修复示范区为试点，建立了政府主导、企业主责、全员参与、全民共享的生态建设机制，开创了"采—复—农—园"协同发展模式，探索了"造绿储金、点绿成金、守绿换金、添绿增金、以绿探金"等多元转化方式，生态产业多元集成示范效应突出，形成了采矿行业可复制、可推广、可持续的"绿水青山就是金山银山"实践典型案例。

（一）基本情况介绍

国家能源集团准能集团公司是集煤炭开采、坑口发电及煤炭循环经济产业为一体的大型综合能源企业。集团拥有煤炭资源储量 30.85 亿吨，具有"两高、两低、一稳定"（即灰熔点高、灰白度高、水分低、硫分低、产品质量稳定）品质特点，是优质动力、气化及化工用煤，以清洁低污染而闻名，被誉为"绿色煤炭"。集团拥有年生产能力 6 900 万吨的黑岱沟露天煤矿和哈尔乌素露天煤矿及配套选煤厂，装机容量 960 兆瓦的煤矸石发电厂，年产 4 000 吨的粉煤灰提取氧化铝工业化中试工厂，以及生产配套的供电、供水等生产辅助设施。截至 2020 年底，集团资产总额为 499.28 亿元；在册员工 9 100 余人；累计生产商品煤 7.69 亿吨，发电 618.92 亿千瓦时；累计实现利润 533.53 亿元；累计上缴税费 484.73 亿元。

黑岱沟露天煤矿是国家"八五""九五"计划重点建设项目准格尔项目一期工程煤、电、路三大主体工程之一，是我国自行设计、自行施工的特大型露天煤矿，矿田面积 50.33 平方千米，境内可采原煤储量 14.98 亿吨。现核定生产能力为 3 400 万吨/年，是国内单坑产能最大、工艺最先进的露天煤矿之一。

哈尔乌素露天煤矿矿田面积 67 平方千米，原煤储量 17.3 亿吨，2006 年 5月 18 日开工建设，现核定生产能力为 3 500 万吨/年，是国内单坑产能最大、工艺最先进的露天煤矿之一。

（二）主要做法及成效

1. 造绿储金：探索生态修复新模式，进级区域 GEP 迈上新高度

准格尔矿区位于内蒙古南部的鄂尔多斯高原，属典型黄土高原地貌，重度缺水，植被稀疏，生态脆弱，是我国水土流失最严重地区。矿区建设者坚定生态优先、绿色发展之路，从矿区建设之初至今，持续开展生态建设技术科研攻关并付诸实践，创新集成水土流失控制技术体系、生态重构技术体系、标准化作业流程三大技术体系，三十余载，初心如磐、跬步求索、脚踏实地、久久为功，坚持"黄土封绿、立体造绿、择空补绿"原则，实现"地貌重塑、土壤重构、植被重建、景观重现、生物多样性重组与保护"，成功将沟壑纵横的"鸡爪子"山改造成为万亩良田、森林草原，绿色追求终成绿色画卷。截至 2021年底，治理面积达 5 万亩，治理率 100%、无死角，植被盖度由 25% 提高至80%，提了了矿区 GEP，减轻了水土流失，保护了水源，降低了空气污染指数，区域气候显著改善，生态环境得到改善，改良土壤、涵养水源、防风固沙效果显著；提高了区域内植被的自然生态恢复能力，成为鄂尔多斯地区的一条绿色屏障；建成了山青水绿、景美物阜、鸟语花香的生态修复示范区，成为百鸟的天堂、动物的乐园。2020 年矿区生态系统调节服务价值较 2016 年增加8.86 亿元，GEP 获得高质量提升，矿区蜕变为绿色田园和幸福家园。

2. 点绿成金：多元融合实现生态产业化，探索乡村振兴新路径

准格尔旗人民政府、准能集团和村委会建立了政府主导、企业主责、全员参与、全民共享的工作机制，联合成立企业，助力扶贫和乡村振兴，培育了"政府＋准能集团＋矿区生态公司＋党支部＋合作社＋农户"产业联合体，通过"产业扶贫、消费扶贫、就业扶贫、生态扶贫"，带动当地农户 1 000 多人脱贫致富。探索、集成、发展了"生态＋光伏、生态＋农业、生态＋牧业、生态＋林果、生态＋旅游、生态＋棕地利用"等多元产业。2021 年，200 兆瓦光伏发电项目已获国家能源集团立项，正在办理行政审批手续；建成"万亩草场千头良种肉牛繁育及育肥基地"，现存栏优质肉牛 2 000 多头，开发牧草基地 10 000 多亩、饲料及小杂粮种植基地 3 000 多亩；打造近百种水果品种的千亩果园、秋景赏叶的千亩彩叶林、春景赏花的千亩杏花林，建成采摘温室 20 栋、休闲蒙古包 20 座、自行车观光道 10 千米。示范项目促进当地农业产业结构进一步优化，2021 年，全面启动"1 万头牧牛，2 万亩良田"的生态牧场项目建设，可实现利税上亿元。

3. 守绿换金：塑造矿区生态修复示范区文旅品牌新形象，打造工业旅游新高地

经持续不断的生态建设投入，矿区生态修复示范区成功实现"青山环企、

绿树融企、繁花簇企"，呈现"风吹草低见牛羊、日落湖畔赏夕阳"的美景，在祖国北疆建成了"中国最美矿山"。2017年，准格尔旗政府以企地共建为导向，联合准能矿区申报建设国家矿山公园，成为鄂尔多斯市首家国家矿山公园，连续两年纳入准格尔旗那达慕旅游文化节，成功打造了"准能集团＋国家矿山公园＋准旗文旅集团"文旅联合体，搭建了准格尔旗工业旅游合作平台，累计接待游客3万余人次。2021年开始集中打造集科普教育、休闲体验、生态观光为一体的呼包鄂工业旅游高地，预计"十四五"可吸引游客100万人，到2050年可吸引游客600万人，新增就业岗位6万个。2018—2020年，准格尔旗准能矿区生态系统文化旅游服务价值量由0.06亿元提高至0.20亿元，生态产品初级转化率逐渐提升，绿金指数由2018年的0.12提升至2020年的0.24，"绿水青山"向"金山银山"的转化程度不断提升。

4. 添绿增金：打开矿业增绿降碳新窗口，达成清洁能源新收益

准格尔地区年蒸发量2100毫米，平均降雨量408毫米，干旱少雨，是植物生长主要制约因素，同时因日照充足，太阳能资源开发潜力较大。发展"生态＋光伏"产业可有效提高土地利用效率，降低蒸发量与降雨量比例，改善植被生长环境，实现"一地多用、相辅相成"。准能矿区紧紧围绕"碳达峰、碳中和"目标，制定"1217"发展规划，即"一个主体、两翼一网、七个准能"，其中一翼即绿色生态经济，分布式与集中式并举，采用"上光下农""上光下牧"的"光伏＋"模式，将光伏发电与农业种植、畜牧业相结合；其中一网即开展智能微电网建设，构建"源网荷储"一体化和多能互补发展模式，能够有效提高矿区内部能源的利用与循环，显著提升可再生能源开发消纳水平。100兆瓦光伏发电项目2022年开工，"十四五"期间规划建设500兆瓦光伏发电项目，建成后可解决矿区每年5亿千瓦时生产用电的直供，让"绿色矿山"多了一片"蓝色的海洋"。新能源的开发利用提高了土地利用率，有效解决了土地利用结构和布局，助力企业早日实现碳达峰和碳中和，实现经济效益和生态效益双提升。

5. 以绿探金：推动棕地重披绿衣新颜焕，开辟土地二次流转新模式

准格尔旗煤矿开采过程的棕地问题一直困扰当地政府。准能矿区构建了半干旱地区土壤—植物—生态修复—土地利用效率—产投比系统，建立棕地有机生物综合修复示范基地，矿区植物、动物、农作物、牧草、林果、微生物多样性增加，生态系统实现正向演替、良性循环。至2020年，种植各种乔、灌木约6920万株，地被植物21.43平方千米，自有土地形成森林面积666万平方米以上。植被覆盖率由原始地表的25％提高到了80％以上，先后获得"全国部门造林绿化400佳单位""全国水土保持生态环境建设示范区"等荣誉称号，化身黄土高原上的"绿色造梦师"。截至2021年底已完成复垦绿化土地5万亩，2022 年开始每年还将新增土地 3 600 亩，沟壑纵横的"鸡爪子山"将变成 18 万亩耕地，探索复垦土地经国土部门验收后进入耕地补充库，形成"增减挂钩，增补平衡"的循环机制，统筹协调资源开发与耕地保护。

（三）经验启示

1. 绿色发展模式探索方面

准能矿区建立政府主导、企业主责、全员参与、全民共享的生态建设机制，通过地貌重塑、土壤重构、植被重建、景观重现、生物多样性重组与保护，从根本上改善了矿区生态环境，在祖国北疆建成"中国最美矿山"，探索、集成、发展"生态＋光伏、生态＋农业、生态＋牧业、生态＋林果、生态＋旅游、生态＋棕地利用"等多元产业，创新形成"采—复—农—园"绿色协同发展格局，培育"政府＋准能集团＋矿区生态公司＋党支部＋合作社＋农户"产业联合体、"准能集团＋国家矿山公园＋准旗文旅集团"文旅联合体，探索助力乡村振兴新路子，脱贫攻坚迈出坚实的步伐，实现资源效益、生态效益、经济效益和社会效益的协同发展、全面丰收，为矿业高质量绿色发展贡献可复制、可推广、可持续的全新发展模式案例。

2. 水土保持与生态建设实践方面

（1）水土保持技术与实践　准能集团严格按照"预防为主、保护优先、全面规划、综合治理、因地制宜、突出重点、科学管理、注重效益"原则，首先根据矿区地形地貌及水文网络，制定整体包围、分层拦阻泥沙为主的宏观防御体系；其次根据当地干旱少雨等气候特点，因地制宜地提出"以蓄代排"思路，将排土场排弃形成科学地表形态，最大限度提高雨水资源利用效率，降低水蚀。采用综合防治技术，在排土作业中，综合考虑平盘、坡顶、坡面、坡底水土保持需求，采取不同工程措施，控制水土流失。

宏观防御技术体系。将整个露天煤矿作为一个整体，在矿区周边上游布设拦洪坝，拦泥蓄水，防洪减灾，保障矿区生产建设安全；在矿区周边下游布设拦渣坝，拦蓄泥沙、避免淤塞河道，减少入黄泥沙量、控制水土流失。黑岱沟露天煤矿上游修筑拦洪坝 20 座，下游布设拦渣坝 10 座，哈尔乌素露天煤矿周边建坝 16 座，在满足防洪要求、保障矿区安全生产的同时，使矿区形成相对封闭的系统，有效控制了自然侵蚀和水土流失，建立了露天煤矿水土保持宏观防御体系。永久性拦洪坝与拦渣坝，在保持原功能的基础上，加固改造为道路，强化防洪效能；"以蓄代排"雨水资源化利用技术体系。准格尔旗气候干旱，年平均降水量为 404.1 毫米，蒸发量为 2 100 毫米，高效利用雨水资源，既是生态重建基础，也是控制水土流失的关键。准能集团因地制宜地提出"以蓄代排"思路，按照 3°～5° 坡度将排土场平台整体形态排弃为中间低、四周高，向内反坡、向内汇水，最大限度利用水资源，降低边坡冲刷。目前来看，效果非常明显，排土场植被养护 3 年左右即可依靠自然降水生长，为矿区生态建设成果长期保持与生态系统正向演替提供了坚实保障。

分散径流水蚀控制体系。准能集团两露天煤矿排土场平台面积巨大，在整体形态控制的基础上，将排土场平台汇流面积分割成 50 米×50 米或 100 米×100 米的小区域，将地表积水限定或拦挡在这些区域内，区域内的地表积水最终入渗贮存于表层土体内，从根本上解决了大型平台大流量、高流速、长流程径流的形成，解决了径流侵蚀。

坡面水土流失生态综合防护技术。对边坡采用综合防护技术。排土场平台排弃向内反坡，解决特大暴雨时径流向边坡汇集。在坡顶设置平台周边挡水围堰，挡水围堰高于 1.5 米，顶宽 2～3 米，底宽超过 4 米，防止平台径流对边坡的冲刷。坡面采用水平沟整地、鱼鳞坑和穴状整地，人工种植灌草进行防护。在坡底，设置排水沟解决底部冲刷。

人工防、排水系统构建技术。对排土场主要出入道路，从最高平台开始，自上而下沿排土道路一侧的边缘修筑排水渠，排水渠纵横排列，将雨水汇集后排放，防止坡面冲刷。在排土场边坡的下部、道路两侧设排水沟，解决底部冲刷。

生物防治技术。为满足水土保持时间、空间需求，把复垦过程规划为水土保持、生态效益和经济效益三阶段。初期阶段，以速生植物为主迅速恢复植被，有效控制水土流失，固氮、提高土壤肥力；中期阶段，选择寿命较长，能够持续改善排土场生态环境的永久植被；后期阶段，即长远规划，着眼于矿区生态环境的综合治理和土地开发利用的经济效益。遵循生态演替原理，通过乔、灌、草科学混交配置，建立灌草型、乔草型、乔灌型和乔灌草型四种较为科学的生态结构模式，形成不同种、不同组合类型的生物群落，增加矿区物种的多样性和生态的多样化。

（2）生态建设与实践　准能集团在探索实践中，形成涵盖排土作业规程、适宜性植物筛选、生态结构模式建立、土壤熟化改良等技术体系，为公司生态重建提供了强有力的技术保障，为黄土高原地区植被恢复提供了可借鉴的技术模式。

与生产同步推进。准格尔一期工程规划、设计中就设立生态建设专项规划，随着采矿进度分期制定生态建设规划，与生产工作协同推进，做到了边开采、边复垦。在发展中将生态建设作为公司发展战略重要组成部分，生态建设与主体产业同步发展；规范排土作业。在排弃剥离物时，根据植被恢复要求，注重合理规范排土，形成"表土堆放—岩石剥离排弃—下层黄土覆盖—表土覆盖—土地平整—土地生态复垦"的科学作业流程，保证排土场的地质结构稳定，覆土厚度 2 米以上，远高于《土地复垦质量控制标准》（TD/T 1036—2013）覆土厚度 50 厘米标准要求，为植被恢复奠定基础。

适宜性植物筛选。通过多年研究和试验，按以下特性选择植物品种：①对不良立地因子和气候因子有较强的适应能力；②有固氮能力；③根系发达，有较好的生长速度，易成活。目前，已筛选出适宜本地生长的植物近百种，主要有苜蓿、新疆杨、樟子松、油松、山杏、沙打旺、紫穗槐、沙棘等。

植被配置模式。经多年实践，准格尔矿区植物群落的布局与配置，在空间上形成了草、灌、乔相结合的混交配置，建立了灌草型、乔草型、乔灌型和乔灌草型四种较为科学的生态结构模式。在时间上采用短期、中期、长期相结合，布局上有经济植物区、生态植物区，形成了不同种、不同组合类型的生物群落，从而增加了矿区范围内物种的多样性和生态的多样化。

土壤熟化改良。经过多年实践，探索出复垦土地快速熟化、改良的种植技术路线，在复垦初期，以胡颓子科和豆科植物为先锋牧草，固氮固土、熟化土地、迅速提升土壤肥力；经 3～5 年，土壤肥力恢复，进行景观美化和农牧业开发。土壤耕作方面采用少、免耕技术，结合残茬、秸秆覆盖等措施，减少土壤水分散失；在小面积复垦地上增施有机肥和磷、钾化肥，或就地取材施用粉煤灰，改良土壤、培肥地力，以"以肥调水"，提高土壤的保水、保肥能力等。

标准化作业。制定并严格执行《准能集团公司园林绿化标准化作业流程》，包括绿化种植分项施工管理细则、绿地养护管理规范，行道树、观赏灌木修剪规范，绿化管理质量标准、质量等级、养护日历及常见观赏灌木养护等，以标准作业流程确保园林绿化质量。

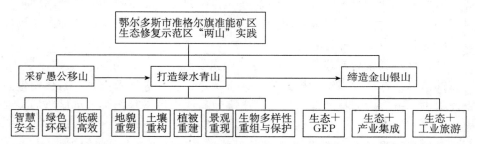

深入贯彻习近平生态文明思想，积极践行"绿水青山就是金山银山"理念，坚定走"生态优先、绿色发展"之路，开创"采-复-农-园"协同发展模式，探索发展"造绿储金、点绿成金、守绿换金、添绿增金、以绿探金"转化路径，创新"生态+光伏""生态+农业""生态+牧业""生态+林果""生态+旅游""生态+棕地利用"多元转化方式，实现可复制、可推广、可持续的较为成熟的发展模式

图 3-1　鄂尔多斯市准格尔旗准能矿区生态修复示范区"两山"实践示意图

三、阿尔山市"两山"实践创新基地建设探索

阿尔山市依林而建、因水得名，良好的生态环境资源是阿尔山的发展之基、立市之本。习近平总书记视察阿尔山时指出，无论什么时候都要守住生态底线，保护好生态就是发展。阿尔山自然风光四季都很美，阿尔山的旅游业一定会火起来。近年来，阿尔山市委市政府认真贯彻落实习近平生态文明思想和习近平总书记视察内蒙古时的重要讲话精神，始终遵循"绿水青山就是金山银山""冰天雪地也是金山银山"的发展理念，坚持"生态优先、绿色发展"，牢牢守住"生态、发展、民生"三条底线，像保护眼睛一样保护生态环境，像对待生命一样对待生态环境，突出旅游主导产业，走出了一条在保护中发展、在发展中保护的绿色发展道路，在生态文明建设上取得了显著的成绩。

（一）基本情况介绍

阿尔山全称哈伦·阿尔山，系蒙古语，意为"温暖而圣洁的泉水"。1996年6月设立县级市，行政区面积7 408平方千米，辖4个镇和4个街道办事处，驻有阿尔山、五岔沟、白狼三个县级林业局和多个县处级单位，总人口6.8万，是由蒙古族、汉族、回族、满族等13个民族组成的多民族聚居地区，其中80%以上是林业职工及家属。阿尔山地处中蒙边境，与蒙古国边境线长93千米，设有中国阿尔山——蒙古国松贝尔国际季节性开放口岸。阿尔山与蒙古国接壤，地处呼伦贝尔草原、锡林郭勒草原、科尔沁草原和蒙古草原交汇处和森林草原的过渡地带，森林覆盖率达到81.2%，主要树种为兴安落叶松、白桦、山杨等，绿色植被覆盖率达95%以上，空气中负氧离子含量较高。境内河流众多，湖泊密布，水系较为发达，流域面积50平方千米以上流经的河流有47条。主要湖泊有杜鹃湖、天池、乌苏浪子湖、仙鹤湖、鹿鸣湖、松叶湖等，是兴安盟境内河流的重要发源地；距市中心五华里的五里泉矿泉为天然优质饮用矿泉水，富含锂、锶、硒等人体必需的微量元素和宏量元素。作为阿尔山矿泉水的产地，阿尔山境内拥有温度不同、功能各异的四大矿泉群，是世界最大的功能型矿泉之一；拥有保存完好的亚洲最大的火山熔岩地貌；天池、堰塞湖、地震断裂带等景观遍布其上，是天然的火山博物馆；平均海拔1 100米，最高海拔为特尔美峰1 711.8米，年平均气温−3.2 ℃，冬季雪期长达7个月，平均积雪厚度超过350毫米。阿尔山生态环境良好，景观层次分明，民族风情浓郁；一个国家重点风景名胜区、两个国家森林公园、三个国家湿地保护区坐落其中；先后被评为"世界地质公园""国家5A级旅游景区"、中国气

候生态市、"中国温泉之乡""滑雪之乡""中国冬季特色旅游度假胜地"等称号；先后获批"国家生态旅游示范区""国家旅游扶贫试验区""全国森林旅游城市示范区""一带一路国际健康旅游目的地"，成功进入"城市双修"试点城市、中芬低碳生态城示范市行列；成功获批大小兴安岭林区生态保护与经济转型地区、兴边富民重点市。

（二）主要做法与成效

1. 提高政治站位，把生态环境保护作为全市"天字号"工程

（1）把握政策机遇，筑牢生态安全屏障 认真贯彻落实国家各项政策是保护好生态环境的前提，抓住国家政策机遇，2002 年开始实施禁牧退耕，2012年全面实施禁伐，牢牢守住"绿水青山"。一是扎实实施天保工程。2012 年以来，阿尔山市累计投入资金 10 多亿元，实施天保工程 1 000 余万亩、公益林管护 20 余万亩，完成封山育林 100 余万亩、植树造林 30 余万亩、水土流失治理 20 余万亩，成功堵截蒙古国入境火，连续十几年未发生重特大森林草原火灾。二是全面推进国有林区改革。坚决贯彻国有林区改革工作精神，积极承接林业企业职能，2008 年以来，共接收剥离企业办社会人员 1 801 人，接收剥离企业办社会资产 5 775 万元，引导广大林业工人"放下斧头搞旅游"，全面促进林区经济社会转型发展。经过十余年不间断改革，地方管理体制进一步理顺，政府与林业企业分工更加明确，林业企业森林资源管护和监管体系得到完善，森林资源保护、培育和动植物抚育管理工作明显加强，生态环境得到持续改善；政府管理和服务职能进一步强化，各林场村被统一纳入全市经济发展格局，基础设施和公共事业得到明显改善，广大林业工人生活水平得到有效提高，达到了"保生态、保民生、建机制"的改革目的。三是持续推动资源枯竭型城市转型，紧紧抓住资源枯竭型城市经济转型有利契机，从 2012 年以来，每年争取资源枯竭城市转移支付资金近 1 亿元，主要用于社会保障、环境保护与生态治理、公共基础设施建设和棚户区改造等公共服务和社会管理领域，构筑了以旅游业为主体、以环保型工业和特色农牧业为两翼的发展格局。推动全市地区生产总值由 2012 年的 12.7 亿元增加到 2017 年的 18.3 亿元，年均增长7.6%；一般公共财政预算收入由 0.78 亿元增加到 1.16 亿元，年均增长8.1%；城镇常住居民人均可支配收入由 16 719 元增加到 26 148 元，年均增长9.4%；连续 3 个年度在全国 67 个资源枯竭型城市转型绩效考核评估中获得优秀等级，走出了一条资源枯竭型城市的特色发展道路。

（2）强化制度保障，守住生态环境底线 一是建全生态环境保护工作责任体系。制定出台《阿尔山市领导干部环保工作考核办法》《阿尔山市党政领导

干部生态损害责任追究办法》《阿尔山市环境保护职责考核办法》，明确责任，强化领导履职能力。深入开展自然资源资产离任审计试点工作，完成了市委市政府主要领导离任审计工作，提高领导干部对生态环境保护必要性的认识。坚持贯彻环保工作"一票否决"制度。二是严格生态环境保护制度。以创新、协调、绿色、开放、共享的新发展理念为指导，先后出台《阿尔山市大气水土壤污染防治攻坚三年行动计划（2018—2020年）》《阿尔山市大气水土壤污染防治攻坚2018年实施方案》，印发《阿尔山市林业保护利用规划》《阿尔山市森林病虫害防治规划》《阿尔山市森林防火规划》《阿尔山市全面推行河长制工作方案》《河长制"一河一策"实施方案》，全面落实生态效益补偿机制，切实解决影响河湖健康的突出问题；科学划定阿尔山市生态保护红线，将国土面积的85.62％划入红线，编制《阿尔山市国家重点生态功能区产业准入负面清单》，严格控制污染源。三是强化生态环境保护宣传。积极开展环境保护、绿色发展宣传工作，启动国家园林城市、国家生态文明建设示范市创建工作，大力实施城乡环境卫生综合整治工程，积极开展环保宣传进社区、进企业、进学校、进村屯活动，用行动号召人们关注生态环境、参与环境保护，增强群众生态意识、环保意识、节约意识。在口岸打造纪念林项目，建设以退伍、入伍纪念，入学、毕业纪念，结婚纪念、职业纪念等多种形式的具有生态意义、纪念意义的纪念林基地，在全市范围内形成良好的生态保护和生态建设社会氛围。

（3）强化举措，维护生态红线　一是强化环境执法力度。对饮用水源地、自然生态保护区、垃圾填埋场、污水处理厂、医疗垃圾、供暖中心等重点区域开展常态化专项检查。对环境破坏行为，发现一起处理一起，坚决制止，绝不姑息。2017年，颁布《阿尔山市人民政府关于全面禁止采石挖沙的命令》，全面禁止市域内采石挖沙行为，严格保护山体和河湖生态安全。设立环保事件投诉电话，畅通环保信访举报渠道，使全市生态环境安全得到有效保障。二是完善城镇环保设施。积极推进城市集中供热锅炉脱硫除尘改造，加大对污水厂、垃圾填埋厂等环保项目投入力度。伊尔施垃圾填埋场启动运营，采用膜处理（MBR）方法处理垃圾渗滤液，处理后的渗滤液已达标排放。全面启动"冬病夏治"环保设施升级改造工作，结合棚户区改造等措施淘汰全市大部分老旧小锅炉，环境空气质量优良天气达标率97％以上，2015年以来未发生重污染天气，辖区四镇全部获批"国家级生态乡镇"。三是严防森林草原火灾。本着"局场有界、防火无界"的保护理念，无人员伤亡事故的奋斗目标，积极开展森林草原防火工作。创新机制，通过购买社会服务的方式成立100人的森林消防大队，并配备防扑火运兵车和装甲车等18辆森林消防车辆；建立防火指挥中心，新增智慧阿尔山远程监控设备，监控范围覆盖整个施业区，实现24小时实时监控；改变防火工作格局，从边境堵截转向境外预防，成立首支境外防火中队，在靠近蒙古国一侧租赁土地4.5万亩，近3年成功堵截蒙古国火灾3起，连续14年无重特大森林草原火灾发生；森林火灾受害率控制在1‰以内。四是坚决打好污染防治攻坚战。成立以市委书记为组长的污染防治攻坚工作领导小组，将22个项目列入三年污染防治攻坚计划，举全市之力全面推进阿尔山市污染防治工作。全面落实"水十条"，深入落实河长制、湖长制，实行最严格水资源管理制度，严格河湖泊水域空间管控，强化河湖泊岸线管理保护，落实重点河湖段生态保护和治理责任，地表水水质全部达到三类以上；全面落实《土壤污染防治行动计划》，抓好重点领域污染防治，建立污染地块名录，开发利用负面清单，建立村庄垃圾集中处理机制，实现城镇垃圾处理设施全覆盖；全面落实《大气污染防治行动计划》，大力推进工业企业达标改造，积极探索实施镇村冬季清洁取暖计划。全面推行生态环境损害责任终身追究制度，构建系统完整、实施有效的生态文明制度体系。坚决打赢污染防治攻坚战。

2. 逐梦绿富美，把生态资源优势转化成经济优势

（1）发展旅游产业，践行"两山理论" 一是打造全域旅游，努力把绿水青山变成金山银山。以阿尔山5A级景区和阿尔山世界地质公园为核心产品，开发10条特色旅游线路和3条跨境旅游线路，不断提升旅游产品质量；依托独特的风土人情和良好的自然环境，引进《梦幻阿尔山》《敖鲁古雅》等演艺产品，协助拍摄《奔跑吧兄弟》《武当一剑》等影视作品，不断丰富旅游业态；强化与中央电视台、蒙古国乌兰巴托电视台等国内外高端媒体进行城市形象宣传，通过举办杜鹃节、圣水节、冰雪节等节庆活动，不断提高品牌知名度和影响力。累计投入资金5.2亿元，建设旅游公路161千米、停车场16万平方米、木栈道2.7万延长米、环保厕所28处，不断提高景区基础设施。2017年旅游人数359.7万人次，是2012年的3.3倍，年均增长26.7%；旅游收入45.4亿元，是2012年的3.5倍，年均增长28.4%；带动旅游从业人员达4万余人。二是发展四季旅游，努力把冰天雪地打造成金山银山。一直以来，冰天雪地是阿尔山的劣势，广大群众只能依靠短暂的夏天开展旅游产业，严重限制了旅游业的发展潜力。针对夏季火爆、冬季冷淡的状况，阿尔山市整合冰雪、矿泉、火山、林俗等优势资源，实施"拉长旺季、做热淡季、实现全季"战略，持续举办国际冰雪节、滚冰节、雪地足球赛、全国花样滑雪锦标赛等活动，不断将冰雪节打造成冬季旅游的核心产品。近年来，阿尔山冬季旅游迅速发展，赏不冻河、观雪景雾凇、看冰雪雕、泡温泉、戏雪、滑雪等冬季旅游产品不断推出，"冰天雪地"这种冷资源逐渐变成了"热产业"。2018—2021年累计接待游客 1 414.86 万人，旅游综合收入实现 172.64 亿元。以旅游业为主的第三产业占到地区生产总值的 67.5%，旅游业直接和间接从业人员达到 4.3 万人。

（2）坚持绿色发展，培育绿色经济　一是坚持"为旅而为"发展思路，培育特色农牧业。立足生态环境优势，持续做大林下经济，积极培育以食用菌研发、生产、销售为主导的特色产业，年产量达 400 万棒左右；阿尔山市黑木耳、卜留克获得国家级农产品地理标志。围绕发展旅游业，创新发展特色林果业，成功试种高寒矿泉水稻，通过旅游＋模式，大力发展观光、休闲农业，实施了"花海乐土"和特种动物综合养殖项目，丰富休闲观光农业内容。培育新型农牧业经营主体，2018 年新增涉农合作组织 30 家、盟级以上产业化龙头企业 6 家。荣获自治区休闲农牧业与乡村牧区旅游示范旗（县）称号。二是坚持绿色无污染，大力发展环保型工业。坚持发展无烟工业，大力培育矿泉水企业，打造百亿元矿泉水产业。全市现有矿泉水加工企业 2 家，设计年生产能力 40 万吨，2017 年矿泉水企业总产值完成 1.1 亿元，是 2012 年的 3.1 倍，年均增长 25%；2017 年销售产值完成 7 071 万元，是 2012 年的 2.2 倍，年均增长 17%。按照"为旅而为"发展思路，探索"工业＋旅游"的发展道路，引导矿泉水企业景观化建设，在工厂内部建设观光通道，挖掘水文化，讲好水故事，建设互动休闲、寓教于乐的多功能展厅，通过声、光、电等高科技手段和多种表现形式，介绍矿泉水的历史形成和演变过程，提升"白金产业"的旅游附加值。三是积极践行绿色发展理念，打造论坛会展经济。围绕地域特色，创新发展思路，不断进军论坛会展经济，努力打造北方论坛会展之都。在自治区支持下，经过两年筹备，成功举办首届阿尔山论坛。先后吸引了开发性金融与健康产业发展研讨会、阿尔山绿色健康发展国际论坛、世界温泉大会等 20 余个高端论坛会议，成为阿尔山金融科技论坛的永久会址。论坛经济快速发展，为推动全域旅游、四季旅游具有重要影响，为日后的产业发展注入了新的活力。

（三）经验启示

1. 突出制度建设，建立健全生态文明制度

被生态环境部批准为第三批"绿水青山就是金山银山"实践创新基地以来，阿尔山市秉承"生态立市"理念，以发展和保护机制为根本，坚持"一张蓝图绘到底"，保持生态建设思路不变、力量不减、队伍不散，切实加强生态文明制度建设，建立绿色考评和决策机制，坚决贯彻环保工作"一票否决"制度，严肃生态环境损害责任追究机制，为推进生态文明建设提供重要的制度保障。同时充分发挥阿尔山市国家生态文明示范市创建工作领导小组的统领作

用，定期督促和指导全市生态文明建设工作。

2. 突出生态保育，加强生态安全屏障建设

按照习近平总书记视察阿尔山市时的重要讲话精神，阿尔山市将生态保护工作作为全市"天字号"工程来抓，不断总结经验，创新机制，广泛宣传，动员全市力量推动生态环境保护工作。目前"天字号"工程已圆满收官。近年来，抓住国家《大小兴安岭林区生态保护与经济转型规划》和天保工程、自治区提高退耕补助标准等政策机遇，累计完成公益林管护 21.28 万亩、营造林 21.6 万亩、水土流失治理 33.34 万亩，编制《樟松岭核心区退耕还林还草规划》并建立"樟子松封育管理区"，大力实施生态保育建设，为实现"绿色崛起"提供根本保障。

3. 突出绿色引领，着力构建绿色低碳产业发展格局

根据习近平总书记"阿尔山的旅游业一定会火起来"的勉励，阿尔山市构筑起以旅游业为主体、以环保型工业和特色农牧业为两翼的绿色低碳产业发展格局。以阿尔山 5A 级景区和阿尔山世界地质公园为核心产品，打造高品质旅游产业，奥伦布坎、口岸景区、白狼峰景区等 6 个主要景区全部进入 A 级景区行列，杜鹃节、圣水节、冰雪节等节庆品牌逐渐成熟；推动环保工业融合发展，以《阿尔山市矿泉水资源综合开发利用规划》为引领，依托"阿尔山 2 ℃天然活性矿泉水"品牌，引进伊利集团进驻矿泉水领域，"伊刻活泉"投产上市，2020 年矿泉水产量累计达到 8.08 万吨，实现产值 2.13 亿元。引导矿泉水企业景观化建设，提升"白金产业"的旅游附加值，初步建成水产业为主题的工业旅游示范基地和健康水产业示范基地；充分加强旅游资源与农业的协同衔接，大力发展观光、休闲农业，做大林下经济，带动新型农业协同发展，西口村、林俗村获批全国乡村旅游重点村；设立阿尔山论坛，会展经济快速发展，被评为中国最具影响力会展名城。在央视、人民日报、新华网等主流媒体，抖音、微博等新媒体全方位宣传阿尔山风光，品牌热度持续提升。

4. 突出生态宜居，加快推进生态化村镇体系建设

自觉坚守环境"底线"，积极构建生态优势"高线"，加快发展绿色低碳循环产业，重点打造生态宜居型特色小镇，不断完善城镇基础设施和公共服务体系，推进"绿色城镇建设"和"美丽乡村建设"，致力打造生产生活生态、宜居宜业宜游现代化城镇。累计投入 42 亿元，改造城市棚户区房屋 10 400 户，完成拆迁面积 66 万平方米，筹措回迁安置房源 2 658 户、21 万平方米，圣泉小区获得中国人居环境范例奖。

5. 突出文化内涵，拓展生态文化新业态

以弘扬民族文化、繁荣生态文化为目标，立足阿尔山市地处祖国北部边

疆、地质历史年代久远、山水森林草原环抱、温泉冷泉资源富足、民族文化淳朴厚重等特色，通过地质历史遗迹发掘、民风民俗体验、圣泉功能拓展、冰雕雪景观赏、红色场景再现等方式，重点推进地质文化、林俗文化、蒙元文化、圣泉文化、冰雪文化和红色文化等多元文化的融合发展。

四、内蒙古大兴安岭林区林业碳汇发展探索

（一）基本情况介绍

1. 内蒙古大兴安岭林业碳汇资源及潜力

内蒙古大兴安岭重点国有林区是我国面积最大、保存最好的国有林区，生态功能区总面积 10.67 万平方千米，森林面积 8.37 万平方千米，森林蓄积 9.4 亿立方米，森林面积、森林蓄积居我国六大重点国有林区之首。森林覆盖率 78.39％，森林面积占全国国有林区的 10.9％，天然林蓄积占全国的 1/14，是国家重要的固碳、储碳基地。

1952 年大兴安岭林区有计划地进行开发建设。从 1952 年到 2022 年，林区坚持边砍树边造林，有林地面积、活立木总蓄积、森林覆盖率分别从开发初期的 636.51 万公顷、6.62 亿立方米、60.1％提高到目前的 837.02 万公顷、10.33 亿立方米、78.39％，分别增长了 31.5％、56％、30.4％，森林资源实现"长大于消"，碳汇功能不断增强，森林蓄积年增长量在 2 000 万立方米以上，森林经营碳汇优势明显。特别是 1998 年开展天然林保护工程以来，林区坚决落实木材产量调减政策，直至 2015 年 4 月全面停伐，累计减少木材采伐 3 817 万立方米，按照 REDD＋（通过减少砍伐森林和减缓森林退化而实现的减排）标准计算，仅此一项相当于减排近 7 000 万吨二氧化碳。

此外，林业碳汇相比工业减排来说，具有生态的多重效益。通过发展林业碳汇吸收固定大气中二氧化碳的同时，森林还发挥着保护生物多样性、涵养水源、防风固沙等方面功能。内蒙古大兴安岭重点国有林区是我国寒温带生物多样性的重要保护地，是我国重要的泰加林资源基地和生物基因库，有国家级、省部级自然保护地 32 块，禁止开发区域 2.73 万平方千米，占总面积的 25.5％，72％的森林实行禁止或限制性开发，对生物多样性保护具有不可替代的意义。区域内有一、二级河流 984 条，湿地 120 万公顷，水资源总量 192.6 亿立方米，占呼伦贝尔的 60.9％、内蒙古自治区的 39.6％，是额尔古纳河、黑龙江、嫩江的主要源头。良好的森林湿地生态系统在增加碳汇的同时，保护着呼伦贝尔大草原和东北粮食主产区的生态安全，是我国重要的生态安全屏障和森林资源培育战略基地，是维护国家生态安全重要的基础设施，在经济社会

发展和生态文明建设中发挥着不可替代的作用。

2. 内蒙古大兴安岭林业碳汇试点与研究情况

内蒙古大兴安岭重点国有林区在国有林管理局中较早地开展了林业碳汇试点和相关研究。2014年开始进行林业碳汇项目开发，分别在绰尔、乌尔旗汗、根河、克一河、满归、金河6个林业局试点开发碳汇项目。在林业碳汇发展与研究方面：

一是专业培训进一步加强。大兴安岭林区开展碳汇试点以来，林区组织业内人员多次参加国内外各种碳汇培训，尤其是2015年以来，主办了林区林业碳汇计量监测工作会议暨技术培训会、林区碳汇培训班，承办了全国森林碳汇及碳交易专业技术人员知识更新工程高级研修班等，共培训林区碳汇专业人员300多人次，取得国家碳资产管理师、碳资产交易师等岗位认证90余人，为林区碳汇事业发展奠定了基础。

二是宣传交流更加广泛。2014年，内蒙古大兴安岭森林调查规划院取得国家级林业碳汇计量监测资质。连续两年选派人员分别参加联合国巴黎和摩洛哥气候大会。2015年6月，成功举办第二届中国绿色碳汇节暨绰尔林业局第二十一届端午万人登山运动会。2016年8月与中国绿色碳汇基金会联合举办"碳汇中国"生态摄影比赛和作品展示活动，出版《碳汇中国生态摄影集》。2018年5月与中国绿色碳汇基金会合作，由重庆金羚羊捐资，在根河营造了100亩碳汇林。这些活动展示了党的十八大以来生态文明和美丽中国建设成就，展现了林业在应对气候变化中的重要贡献，传播了林业碳汇和低碳生活理念。

三是科研项目扎实开展。2016年在内蒙古自治区发改委和财政厅应对气候变化专项资金支持下，开展了《天然次生林经营碳汇项目方法学开发》《内蒙古大兴安岭林区碳汇计量监测体系建设试点示范项目》《乌尔其汗森工公司森林经营类碳汇项目试点研究》，当前已经取得相关研究成果。这些项目的研究将为林区进一步拓展碳汇项目开发的范围和领域奠定基础。

四是天然次生林碳汇进展显著。当前我国森林植被总储碳量为89.8亿吨，其中80%以上的贡献来自天然林。内蒙古大兴安岭森林面积837万公顷，其中天然林面积815万公顷。天然林中绝大部分是次生林，生态系统结构不稳定、生产力低下、木材质量不高、碳汇功能和生物量较低。为了精准提升天然林质量，增加森林碳汇功能，提高天然次生林经营培育水平，促进天然次生林经营过程中碳汇额外性进入碳市场交易，内蒙古大兴安岭重点国有林管理局与中国林业科学研究院林业科技信息研究所，联合开展了天然次生林经营碳汇项目方法学的研究，并提交了《天然次生林经营碳汇项目方法学（版本号

V01)》。该方法学结合内蒙古大兴安岭资源特点及现有工作基础，进行天然次生林经营碳汇项目的基线识别、额外性论证、碳汇计量监测技术等内容的研究，整合形成项目的方法学体系，有几个特点：①整合了以往众多研究成果，特别是内蒙古大兴安岭地区和东北其他地区众多研究成果，使之更适用于东北、内蒙古地区天然次生林经营碳汇项目。②简化了项目额外性论证步骤。简化认定程序，项目活动一旦被认为是非普遍性做法，即被认定为在其计入期内具有额外性。③参考最新的国家和行业标准。该方法学的研发基于最新的国家和行业标准，例如参考中华人民共和国国家标准《森林抚育规程》（GB/T 15781—2015）、《东北、内蒙古林区森林抚育技术要求》（LY/T 2482.2—2015）等，充分考虑内蒙古大兴安岭和东北林区的天然次生林经营项目的实际。④增加了遥感监测方法的应用。该方法学具有对项目边界、碳层变化、生态监测和林木生物量监测与计算等内容进行快速、准确、无破坏、高效率生态监测，并起到规模效应等特点。

《天然次生林经营碳汇项目方法学》的研究和编制，为内蒙古乃至全国天然次生林碳汇的科学化、规范化发展提供必要的方法学支持和模式借鉴。2022年，森工集体碳汇办在阿尔山等林业局开展天然次生林经营碳汇项目试点工作，为该方法学申报国家标准开展前期实践。

（二）主要做法与成效

内蒙古大兴安岭重点国有林区在国有林管理局中较早开展了林业碳汇试点和相关研究。2014年开始进行林业碳汇项目开发，分别在绰尔、乌尔旗汗、根河、克一河、满归、金河6个林业局试点开发碳汇项目。其中已开发碳汇造林项目、森林经营项目、国际核证碳减排标准（VCS）项目共9项，实施碳汇交易200万吨以上，累计实现碳汇交易额3 125万元。下面以绰尔、乌尔旗汉、根河林业局为例对三个项目做具体介绍。

1. 绰尔林业局（VCS项目）

（1）项目情况及主要做法 绰尔林业局位于内蒙古大兴安岭南麓。地跨牙克石市、扎兰屯市、鄂温克自治旗3个旗市。局址设在牙克石市塔尔气镇。生态功能区东西长90余千米，南北宽60余千米；总面积为426 580公顷，现有林地面积421 996公顷，占总面积的98.9%，森林蓄积量为2 805万立方米，森林覆盖率为83.37%。

绰尔林业局VCS林业碳汇项目区面积11 010公顷，2016年7月项目完成注册和首期签发程序（编号为1529）。主要树种为落叶松、白桦。项目周期20年，预期减排量1 386 530 t CO_2，首期获签减排量380 247 t CO_2。项目资金全部由绰尔林业局承担,包括项目开发与管理咨询费,大约 100 万元人民币,其中项目开发费用 428 000 元;VCS 注册处注册费 200 000 元;DOE* 审订、核查费 340 000 元,外部专家费 32 000 元。项目后期收入完全归绰尔林业局所有,绰尔林业局是项目唯一业主。

主要做法就是保护项目区森林,禁止采伐,减少采伐排放,促进生长,获得减排量。通过发展林区绿色替代产业,促进生态转型,安排采伐工人从事森林经营和保护工作,收入没有降低,反而更有保障。同时在项目区开展补植补造工作,加快森林修复。

(2) 具体进展情况及成效 2014 年 8 月 8 日,中信碳资产管理有限公司人员到现场对碳汇量数据进行收集、统计和计算,完成项目设计报告,与绰尔林业局签署开发协议。根据协议内容,选定绰尔林业局五一林场为碳汇试点项目区,五一林场面积为 29 419 公顷,选择该林场商品林为项目区,碳汇项目为林地管理,通过减少商品林的采伐进而获得额外性减排量。

2014 年 10 月 21—23 日,中环联合(北京)认证中心有限公司 3 名审核员到绰尔现场审核,绰尔林业局回答了 DOE 机构的问题,后期根据其要求,分期分批提供所需的基础材料。

2015 年 1 月完成了项目设计文件,并向 DOE 机构中环联合认证中心有限公司提交设计文件,请求审定。经多次补充材料,于 2015 年 11 月通过项目审定,在项目审定同时,大兴安岭重点国有林管理局与合作方同时进行项目监测工作,之后进行 VCS 注册工作。

2016 年 3 月 15 日,VCS 注册处确定绰尔碳汇项目完成文件检查,进入准确性检查阶段。

2016 年 7 月 5 日项目在美国 VCS 注册处完成注册。项目区面积 11 010 公顷,经监测,2010—2014 年第一个 5 年项目碳减排量为 380 247 吨,预计 20 年总计可达 1 386 560 吨。

2017 年 12 月 18 日和 2018 年 1 月 18 日绰尔林业局与浙江华衍投资管理有限公司进行两次交易,完成 120 万元减排量销售和交割。这两次减排量交易看起来是内蒙古大兴安岭国有林区在林业碳汇管理上迈出的一小步,实际上是在促进生态产品交易、生态产品市场化、货币化的道路上迈出了一大步,标志着林区的生态产品开始进入市场。

2021 年 4 月 8 日绰尔林业局与中国碳汇控股有限公司在自治区产权交易

---

* DOE 为联合国执行理事会指定的进行项目减排量监测的核查和核证的有资质的机构中信碳资产管理有限公司人员。

中心进行交易签约，完成 299 万元减排量销售和交割。

2. 乌尔旗汉林业局（森林经营项目）

（1）项目情况及主要做法　乌尔旗汉林业局位于呼伦贝尔市境内大兴安岭主脉西麓中部，是进入内蒙古大兴安岭林区东北部的第一门户。地跨牙克石市和鄂伦春自治旗。乌尔旗汉林业局总面积 593 617 公顷，森林覆盖率为 82.5%。其中，林业用地面积 577 017 公顷。乌尔旗汉林业局林木总蓄积量为 52 547 074 立方米。其中，活立木蓄积为 51 522 987 立方米，占总蓄积的 98.1%。

顺应启动全国碳市场的大好来势，积极参与温室气体自愿减排交易机制改革，为尽早将国家核证减排量纳入全国碳市场做准备，着力开发碳汇产品。2015 年乌尔旗汉林业局加强与碳资产公司的合作，利用《森林经营碳汇项目方法学》开发森林经营碳汇项目面积 2.4 万公顷，设计年减排量 6.63 万吨二氧化碳（当量/年）；2017 年 6 月乌尔旗汉林业局与碳资产公司合作尝试 VCS 产品开发，利用《改进森林经营方法学》将用材林转变为保护林，产生 VCS 年项目减排量 29.3 万吨；第一次监测期经核证减排量为 1 095 069 吨。2018 年，结合《森林经营类碳汇试点示范研究》项目活动，依据森林经营碳汇项目方法学，只在中幼龄林中尝试开发森林经营碳汇产品，开发森林可持续经营碳汇项目总面积 1 325.74 公顷，确定计入期为 20 年，开发中国核证自愿减排量（CCER）产品 44 305 吨，年均项目减排量 2 215 吨，确定了提高森林碳储量的合理经营密度，提出了基于碳储量的落叶松人工林龄组划分新标准，建立了碳汇产业开发试点示范的流程体系。

（2）具体进展情况及成效　一是构建碳汇产业开发框架体系。2017 年 7 月，在林区率先成立了林业碳汇管理职能部门——乌尔旗汉林业局碳汇管理办公室；构建了林业碳汇组织管理、法人登记、碳汇产品开发技术规范、碳汇项目审定与核证、计量监测、减排量市场交易、人才队伍建设等八大框架体系；建立了林场级碳汇监测站，由专人分管碳汇监测工作，指定责任心和业务能力强的专业技术人员负责本林场碳汇管理，具体负责碳汇计量监测体系建设和数据库维护，以及造林、森林经营台账的建立和更新。

二是完成森林经营类碳汇试点科研课题。乌尔旗汉林业局森林经营类碳汇试点研究项目，是内蒙古自治区应对气候变化及低碳发展科研课题之一。通过森林经营类碳汇方法学在可持续经营中的运用，尝试为东北、内蒙古大兴安岭林区碳资产开发和交易提供可复制、可推广的成功案例。

该项目 2017 年 3 月 1 日召开开题会议。按照《乌尔旗汉林业局森林经营类试点示范研究实施方案》，制定了详尽的技术路线图和研究进程。在具体的实施过程中，碳汇办公室技术人员不断地查找文献和书籍，又先后咨询全国各地知名的林业碳汇专家，到科研机构登门请教，在反复验证和推理下，最终突破了这个技术难关，掌握了适合林业局林地状况的森林生长率计算方法。同时，他们与计量监测机构进行技术对接，将《内蒙古大兴安岭林区可变密度森林生长动态模型》成功运用到课题研究中。

2018 年 11 月 26 日，内蒙古大兴安岭重点国有林管理局组织专家成立验收评审委员会，对自治区发改委立项的"乌尔旗汉林业局森林经营类碳汇试点示范"项目进行验收。验收委员会专家一致认为该项目材料比较齐全，技术路线可行，数据翔实，资金使用合理，填补了内蒙古大兴安岭林区自主开发森林经营类碳汇项目的空白，同意通过验收。

三是着力培养碳汇人才。乌尔旗汉林业局以本土化实用型碳汇人才开发为目标，围绕生态建设、经济转型和结构调整的实际，加大本土人才知识更新、技术提升和专业调整的力度，组建起了一支包括 9 大林场生产主任和技术员等专业技术人才在内，涵盖整个乌尔旗汉林业局碳汇产业发展框架体系的碳汇人才队伍。让有培养前途的同志全程参与正在进行的林业碳汇项目，支持他们参加国家林业和草原局及内蒙古自治区举办的碳汇培训班。2018 年 9 月，乌尔旗汉林业局自主举办了第一期《碳汇管理培训班》，专门聘请国家林业和草原局森林资源管理司、内蒙古自治区林业科学研究院、内蒙古大兴安岭森林调查规划院的专家教授为他们进行碳汇知识和技术的教育培训，使这些本土人才迅速成为发展林业碳汇事业的中坚力量。

四是积极开展学术交流。乌尔旗汉林业局先后与国家林业与草原局绿色碳汇基金会、国家林业碳汇计量监测中心、中国林业科学研究院、内蒙古农业大学、内蒙古大兴安岭森林调查设计规划院等科研和智库机构建立合作关系，使高端人才与产业相融，与项目对接，提升人才价值，推动事业发展。2018 年 12 月 4 日，受管理局委派，包国庆同志出席了在波兰举办的第二十四届联合国气候大会，并发表了题为《天保工程贡献全球应对气候变化》的主旨演讲，分享了内蒙古大兴安岭 20 年天保工程的碳储量变化及应对气候变化实践经验。在国际舞台上讲中国故事，发出林区声音，交流低碳发展理念，汲取世界各国先进经验。

3. 根河林业局（碳汇造林项目）

（1）项目情况及主要做法 内蒙古根河林业局是森工集团下属 19 个林业局之一，于 1954 年成立，是内蒙古森工集团所属林业局，位于呼伦贝尔根河市境内。生态功能区总面积 63.24 万公顷，有林地面积为 55.63 万公顷，森林总蓄积量 5，079.72 万立方米，森林覆盖率为 88.04％。现有职工 3 571 人，设组织部、宣传部、纪委、党政办公室等 23 个机关部门，设 9 个林场等 22 个基层单位。

根据内蒙古森工集团统一安排部署，根森公司与香港排放权交易所有限公司进行了森林经营碳汇开发合作。2014 年 9 月 19 日签订《森林经营碳汇开发暨交易服务合同》，根据合同中的条款，根森公司积极配合提供相关资料，使造林碳汇项目按照预定日程稳步推进。香港排放权交易所采用 CCER 国内标准，采用国际挂牌交易方式进行合作开发，对根森公司 2005—2011 年的 12 万公顷人工造林地进行碳汇开发。2015 年 1 月 23—25 日，第三方核查组（广州赛宝认证中心服务有限公司）对造林碳汇项目进行核查。本项目在第一个 20年计入期内，预计产生 200 多万吨二氧化碳的减排量，年均减排量为 10 多万吨二氧化碳。

（2）具体进展情况及成效　2015 年 5 月，根森公司碳汇造林项目经森工集团、自治区发改委审批，正式上报国家发展和改革委员会申请备案。2016年 4 月 5 日，根河森工碳汇造林项目予以备案。

目前，由于根河地区气候条件因素，林木生长期短，通过碳汇造林项目监测样地监测数据显示，造林场地内林木保存率达标，林木蓄积生长量较低，致使产生的碳汇量偏低，根森公司（林业局）决定暂时不进行第三方核查二氧化碳减排量。

2018 年 4 月 9 日，壳牌能源（中国）有限公司、香港排放权交易所有限公司、森工集团、根河森林工业有限公司在北京壳牌能源（中国）有限公司就根河森林工业有限公司碳汇造林项目产生的核证自愿减排量（CCER）进行交易洽谈；2019 年 1 月 17 日，在根河森林工业有限公司进行第二次协商，初步达成交易意向。

（三）经验启示

1. 积极开展林业碳汇试点，探索生态产业化之路

内蒙古森工集团碳汇工作坚持以习近平生态文明思想为指导，以"发展现代林业、建设美丽林区"为目标，本着"积极审慎，试点先行"的原则，探索林区碳汇产业发展新路径。

一是抢抓先机，积蓄力量。2014 年 7 月，国内排放权交易市场在 7 省市刚刚开始试点，在国内仅有个别碳汇项目开发的情况下，森工集团审时度势、科学谋划，提前布局储备项目，高起点规划林业碳汇发展，抢抓发展先机；率先成立了林区碳汇工作领导小组，加强人员培训，科学引领碳汇产业发展；确立乌尔旗汉、绰尔、根河、金河、满归、克一河为试点林业局，先后和北京盛

达汇通碳资产管理有限公司、中国绿色碳汇基金会、香港交易所等单位开展VCS 和 CCER 项目开发合作，拉开碳汇产业发展序幕，从零开始研究开发碳汇项目和培养专业人才，开发储备了 9 个林业碳汇项目，涉及两种方法学的三种模式，其中：中国核证自愿减排标准（CCER）碳汇造林项目 3 个、CCER森林经营项目 3 个，国际核证减排标准（VCS）经营管理类项目 3 个。试点项目总面积 15.6 万公顷，预计减排总量为 4 855.8 万吨二氧化碳当量（tCO_2e），年均减排 113.76 万吨二氧化碳当量，按 15 元每吨计算，预计交易总效益约7.3 亿元，年均效益为 1 706.4 万元。绰尔林业局 VCS 项目、克一河林业局VCS 项目开展 4 次交易，累计完成交易 191 万元。

二是加强合作，积累经验。确立了以项目试点带动林区自主开发管理能力建设的工作思路。慎重选择合作伙伴，协调内蒙古自治区发展和改革委员会资源节约和环境保护处、生态环境厅气候处内蒙古自治区生态环境厅应对气候变化与国际合作处、国家林业和草原局等打通项目申报渠道，与中国绿色碳汇基金会、中国林业科学研究院、内蒙古农业大学等科研机构建立了长期沟通机制，通过项目委托、合作研究、技术咨询等形式为大兴安岭林区碳汇产业发展提供技术支撑；与华东碳排放权交易所、北京碳排放权交易所及内蒙古环境能源交易所有限公司等机构建立较为紧密的平台关系。通过合作，森工集团在项目开发、碳汇交易、技术研究和普及推广等方面积累了丰富经验。

三是科技引领，拓展空间。2016 年以来，开展了碳汇科技推广和减排项目建设等工作，总投资近 900 万元；《森林可持续经营碳汇开发试点项目》《天然次生林经营碳汇项目方法学开发》《内蒙古大兴安岭林区碳汇计量监测体系建设试点》《绰尔绿色低碳主题示范区项目》《基于森林经营方案实施试点的林业碳汇产品开发》等研究推广项目，以及《林区碳汇发展规划（2018—2035）》《森林碳汇资源本底调查与碳汇项目开发潜力研究》等基础研究。

2. 着力加强顶层设计，推进碳汇产业规范发展

2020 年 5 月，森工集团下发《关于推进林区碳汇经济高质量发展的指导意见》，标志着试点结束，对林区碳汇资源开发管理进行顶层设计，林区碳汇产业发展全面铺开。

一是，筹建机构理顺管理。

完善管理机构与人员队伍。2021 年 1 月 8 日内蒙古大兴安岭碳汇科技有限责任公司正式注册成立，与森工集团碳汇办合署办公，按照《森工集团组织机构优化调整指导意见》要求，碳汇公司经营属性确定为竞争类企业，履行经营职能，履行管理职能。认真执行《内蒙古森工集团国企改革三年行动实施方案》，修改完善《公司章程》，成立党支部，制定党支部议事规则、总经理办公会议事规则、"三重一大"集体决策等规章制度，修订《内蒙古大兴安岭碳汇科技公司运营方案》，下发《森工集团林业碳汇管理目标评价考核办法》，同各森工公司签订《林业碳汇项目合作开发协议》。集团公司编办批复，内设部门4个，人员总数控制在10人以内。2021年，碳汇公司（碳汇办）内设科室为综合部、项目开发部、产品营销部、碳基金管理部；实有人数10人。执行董事、总经理1人、副总经理2人，遴选7人。19个林业局也相应成立专兼职的碳汇管理机构，专兼职碳汇技术人员每局2人左右，规划院成立碳汇监测中心，目前林区碳汇行业基本形成50余人的管理和技术人员队伍；搭建"一库三平台"管理体系。经过1年努力，19个森工公司已初步创建了细化到山头地块的碳汇资源空间矢量数据库架构。在集团公司大力支持下，一期全行业配备数据库专业工作站电脑20台、数据采集器100台，北斗手持机50台。推进了项目登记备案、交易和温室气体清单平台的对接工作，对内蒙古产权交易中心有限公司、北京绿色交易所有限公司等机构进行调研，与内蒙古环境能源交易所形成碳汇产品挂牌交易长期合作；完善林区碳汇行业技术规范。出版《林业碳汇技术汇编》工具书，制定林区碳汇数据库建设技术方案、林业碳汇样地监测技术方案，对碳汇项目开发实施有效的技术指导。通过对19个林业局的全面深入调研，进一步推广林业碳汇矢量数据库建设、林业碳汇项目储备等工作，为碳汇项目开发工作奠定技术基础；确立"三统一"运营模式。进一步明确和规范"统一开发、统一管理、统一销售"的运营模式，确保林区碳汇资源效益最大化、碳汇产品价格市场化，推进形成价格主导型碳汇经济。碳汇公司成立以来，通过自治区环境能源交易所挂牌销售VCS碳汇产品8笔，销售碳汇产品76.3万吨，最低单价11.5元/吨，最高单价42.4元/吨，平均售价19.2元/吨，交易额累计1 465万元；碳汇工作编入《森林经营方案》及"十四五"规划。经资源部门协调请示，国家林草局同意把林业碳汇正式编入《森林经营方案》，预留碳汇资源经营的发展空间，确立林业碳汇的法定地位。在"十四五"规划编制期间，向内蒙古自治区国资委、生态环境厅、林业和草原局提报林业碳汇"十四五"规划重点推荐项目。《森工集团"十四五"发展规划和2035年远景目标》"四区两地"发展布局中将林业碳汇纳入"打造全国最大的国有林碳汇储备基地和项目储备区"。同时，以"六个一"为抓手，把碳汇经济作为森工集团主营业务重点培育。

二是，加快项目开发储备。

按照森工集团和产业事业部大力推进项目开发储备的要求，主要开展VCS项目开发和CCER碳汇项目前期工作。

VCS碳汇项目开发规范开展。按照集团公司董事会决议，投资开发的3

个 VCS 项目，每个规模在 100 万亩（6.67 万公顷）左右，分别在阿尔山、莫尔道嘎、阿龙山实施。2021 年初，3 个 VCS 项目在呼伦贝尔公共服务平台完成咨询服务招标和签约，截至 2022 年初，已完成了数据收集整理、样地监测、报告编制和项目账户开设等工作，进入项目备案、公示阶段，如无不可抗力影响，预计 2022 年底实现签发，2023 年初实现首批销售；CCER 碳汇项目开发储备稳步推进。在目前 CCER 审批程序尚未重新启动前，内蒙古森工集团以强技术、育人才、做储备为目的，陆续在 19 个林业局开展林业碳汇项目筛选和项目设计文件（PDD）编制前期工作，2021 年 6 月 28 日下发文件，分成 2 个工作组，督导数据库建设和项目开发储备工作；科研项目与技术推广扎实开展。林区《森林碳汇资源本底调查与碳汇项目开发潜力研究》项目于 2021 年 3 月 31 日进行了结题论证，与中国林业科学研究院林业科技信息研究所共同邀请了 6 名行业知名专家和 1 名院士参加，提升项目论证的权威性。4 月 8 日，在呼和浩特举行内蒙古大兴安岭碳汇资源调查成果新闻发布会，新华社、人民网、经济日报、内蒙古电视台等 30 多家媒体进行了报道。2021 年上半年，初步完成了《内蒙古森工集团沙棘平榛灌木林碳汇量评估》及碳汇价值核算。此外，《森林经营增汇技术专家服务基层项目》申报内蒙古人社厅立项支持，下达科研经费 5 万元；《绰源森工公司创建自治区低碳社区试点项目》经专家评审通过，已进入内蒙古生态环境厅 2021 年低碳发展项目库；先后与呼伦贝尔城投通用飞行培训学校以及内蒙古电子信息职业技术学院合作，就无人机在林业碳汇监测中的应用取得积极成果；打造森林经营增汇技术长期科研基地。按照森工集团要求，碳汇办积极探索碳汇全过程参与模式，从营造林前端、森林经营中端和碳汇项目开发末端全程参与和指导。按照集团公司关于指导绰源开展森林质量精准提升工程的要求，加大力度指导绰源开展森林增汇经营技术研究应用，打造森林经营增汇技术样板林，加强对增汇技术样板林的长期监测，争创国家级森林增汇长期科研基地。完成《森林碳汇长期科研基地建设申报书》。

三是，开展对外交流合作。

加强与上级职能部门对接交流。与国家林业和草原局、中国林业科学研究院、内蒙古自治区国资委、生态环境厅、财政厅等部门建立密切的工作联系，组织相关林业局和单位申报自治区应对气候变化及低碳发展资金项目；编写上报《构建区域碳市场可行性分析报告》《内蒙古大兴安岭"十四五"碳汇经济试验区培育项目申报书》。积极参与内蒙古自治区政府研究室、内蒙古自治区党委统战部等碳中和和林业碳汇科研项目，碳汇办人员以专家身份出席了《内蒙古发展草原森林碳汇经济研究》课题中期和结题评审；参与国家林草局管理干部学院培训班授课工作，介绍林区经验、贡献林区方案、发出林区声音；着力培养碳汇人才。采取内培与外培相结合的办法，2021年4—6月，由碳汇办人员分别带队前往北京、北戴河、海拉尔、成都参加国家林业和草原局林业干部培训学院组织的林业碳汇项目开发培训班，培训林区碳汇战线专业技术和管理人员50余人。2021年10月18—20日，在森工集团党校举办林区碳汇技术培训班，以林业技术人员为对象，重点讲授林业碳汇开发流程和操作技术，本期培训碳汇技术人员共65人；开展技术交流和战略合作。9月7日，森工集团闫宏光总经理带队出席中国国际服务贸易交易会，在碳市场与碳汇经济专题论坛上发表题为《内蒙古大兴安岭碳汇经济实践与探索》的主旨演讲，产生热烈反响；9月17日，森工集团董事会组织开展央地百企结对子，参加京蒙国资系统座谈会，与中国林业集团有限公司对接林业碳汇，和国际绿色经济协会签署了《战略合作框架协议》；10月，碳汇办派员出席联合国生物多样性昆明大会，与中国环境科学院就建立碳中和院士工作站进行了对接，达成了合作意向；10月下旬，分别与兴业银行呼和浩特分行和大华会计师事务所进行了业务对接，就绿色金融战略合作以及碳汇公司成本核算事宜进行了建设性交流。另外，我们与大自然协会（美国）充分沟通，碳汇造林项目首次落地林区，由根河森工公司和大自然协会签订了公益捐赠合同，捐赠总金额为316.875万元，合作造林株数48.75万株，当年成活率90%，四年保存率80%，目前，按照合同约定，第一期捐款95万元已经到账；积极融入地方经济。在推进碳汇产业发展方面，多次与呼伦贝尔市委市政府对接，双方就区域温室气体清单编制、应对气候变化"十四五"规划、碳汇经济试验区培育、碳达峰碳中和林业行动等方面开展务实合作，达成多项合作。加强与牙克石市政府、人民银行等交流合作，与牙克石市生态环境局在"6·5世界环境日"共同开展"人与自然和谐共生"主题宣传活动，共同推进碳汇产业发展。

3. 发挥林区优势，为我国碳达峰碳中和贡献力量

2021年，森工集团和所属林业局均成立了碳达峰碳中和领导小组，森工集团碳汇办更名为碳中和办公室。制定了2022年碳达峰碳中和工作要点，认真实施"十四五"规划，积极开展林业碳汇巩固提升行动，着力打造全国最大的国有林碳汇储备基地，研究申报森林生态系统碳汇试点，与中国绿色碳汇基金会加强合作，研究设立林业碳汇专项基金，为了庆祝林区开发建设70周年和喜迎党的二十大胜利召开，组织筹办林草碳汇创新论坛。以"六个一"为抓手，全力打造碳汇经济，推动林区经济社会全面转型，为实现碳达峰碳中和目标愿景提供林区方案，贡献林区力量。

碳汇交易带来的不仅仅是金钱，更重要的是对可持续经营和森林管理的创

新和观念的转变。一方面，林区探索碳汇产业，是积极承担应对气候变化任务，提升森林生态效益和社会综合效益的重要举措。另一方面，林业碳汇是国家碳减排体系和跨区域生态补偿的重要内容，是一个解决区域发展不平衡、不充分问题的政策引导性产业。此外，涵养水源、保持水土、保护物种多样性等综合价值不可估量。我们要不断创新与尝试，才能真正将"绿水青山"变为"金山银山"。

第 五 章

内蒙古绿色发展潜力与优势

当前，内蒙古生态环境保护工作进入新发展阶段，协同推进高质量发展和生态环境高水平保护。随着一系列重大国家战略的深入实施，内蒙古自治区拥有多重叠加的发展机遇，具备更好推动以生态优先、绿色发展为导向的高质量发展的多方面有利条件。特别是习近平生态文明思想深入人心，为生态文明建设和生态环境保护提供了强大思想指引和行动指南，新发展理念深入贯彻，新发展格局加快构建，为内蒙古自治区推动资源、生态、区位等比较优势转化为发展优势创造了巨大空间，为生态环境持续改善创造了有利条件，增强了内生动力。高质量发展扎实推进，经济基础日益雄厚，制度优势逐步显现，改革红利持续释放，全社会保护生态环境合力进一步增强，为内蒙古自治区在新发展阶段持续推动绿色发展、筑牢国家北方生态安全屏障、建设国家重要能源战略资源基地和绿色农畜产品生产基地奠定了坚实基础。

一、自然资源和能源富集

美丽富饶的内蒙古，是我国北方面积最大、种类最全的生态功能区，有丰美的草场、茂密的森林、浩渺的湿地、肥沃的农田、富集的地下宝藏，素有"东林西铁、南粮北牧、遍地矿藏"的美誉。

（一）辽阔草原

内蒙古天然草原面积 13.2 亿亩，占全国草原总面积的 22%，其中可利用草原面积 10.1 亿亩。草原植被盖度 45%。自东向西依次分布着温性草甸草原、温性典型草原、温性荒漠草原、温性草原化荒漠和温性荒漠 5 类地带性草原。全国 11 片重点牧区草原中，内蒙古占 5 片，分别为呼伦贝尔草原、锡林郭勒草原、科尔沁草原、乌兰察布草原和鄂尔多斯草原。草原植物资源丰富，有野生植物 2 700 多种，其中饲用植物 790 多种。

（二）莽莽森林

内蒙古是我国森林资源相对丰富的省份之一，全区森林面积 4.08 亿亩，居全国第一位，森林覆盖率 23.0%；人工林面积 9 900 万亩，居全国第三位；森林蓄积 16 亿立方米，居全国第五位。从东到西分布有大兴安岭原始林区和大兴安岭南部山地、宝格达山、迪彦庙、克什克腾、茅荆坝、大青山、蛮汉山、乌拉山、罕山、贺兰山和额济纳等 11 片次生林区，以及经过长期建设形成的人工林区。树种有 350 多种，乔灌树种丰富，有杨树、柳树、榆树、樟子松、油松、落叶松、白桦、栎类等乔木和锦鸡儿、白刺、山杏、柠条、沙柳、梭梭、杨柴、沙棘等灌木。最西部的额济纳旗胡杨林是世界上仅存的三大原始胡杨林之一。

（三）无垠湿地

中国 11% 的湿地分布在内蒙古，有河流、湖泊、沼泽、人工湿地 4 大类 19 种类型，湿地面积有 4 万多平方千米，占全国湿地面积的 11.26%，居全国第 3 位。湿地区面积居前 3 位的分别是嫩江源头湿地区、呼伦湖国家级自然保护区湿地区和诺敏河湿地区。通过实施湿地保护与恢复工程，内蒙古建立了以湿地自然保护区和湿地公园为主的保护体系，保护湿地面积达到 2 818.65 万亩，湿地保护率 31.26%。内蒙古湿地动植物资源种类多，生物多样性丰富。全区湿地有脊椎动物 288 种，隶属 6 纲 31 目 53 科，约占全区脊椎动物物种数的 47%。在湿地鸟类中，国家重点保护鸟类有 32 种；其中，国家一级重点保护鸟类 11 种，占国家全部一级重点保护鸟类的 26%。在哺乳类动物中，国家二级重点保护动物 5 种。全区湿地有高等植物 467 种，隶属 92 科 216 属，约占全区高等植物物种数的 20%；其中，苔藓类植物 82 种，蕨类植物 11 种，裸子植物 3 种，被子植物 371 种；在 467 种高等植物中，乔木、灌木有 44 种，主要集中在蔷薇科、杨柳科、桦木科。

（四）广袤耕地

内蒙古耕地资源丰富，水热条件好，粮食生产潜力较大。全区现有耕地 1.38 亿亩，其中有效灌溉面积 4 687.8 万亩。农耕地主要分布在嫩江平原、西辽河平原、河套平原和土默特平原。内蒙古是全国 13 个粮食主产区之一，对全国其他省份的粮食贡献率约 225 亿千克。

（五）丰富矿产

内蒙古矿产资源富集，许多矿种储量居全国前列。在全国已发现的 173 种矿产资源中，内蒙古就有 140 种（其中 10 种稀土元素按 1 种统计），已查明资源储量的矿产有 131 种。51 种矿产保有资源储量居全国前 3 位，其中居第 1 位的有煤炭、铅、锌、银、稀土、铌、锆、钇、铒、铈、锗、砷、电石气、玛瑙、砖瓦用黏土、陶粒用黏土、建筑用橄榄岩、麦饭石、珍珠岩、水泥配料用板岩、普通萤石、隐晶质石墨等 22 种；居第 2 位的有晶质石墨、铋矿、天然气、钼矿、铌钽矿（铌钽铁矿）、钽矿（Ta_2O_5）、蓝晶石、冶金用砂岩、铸型用砂、电石用灰岩、制碱用灰岩、玉石、饰面用辉石岩、饰面用花岗岩、火山渣、水泥用大理岩、芒硝等 17 种；居第 3 位的有铬矿、金矿、锂矿（$Li2O$）、铟矿、冶金用白云岩、天然碱、化肥用蛇纹岩、镁盐、沸石、水泥用灰岩、膨润土、硫铁矿（伴生硫）等 12 种。其中，全区煤炭保有储量 194.47 亿吨、保有资源量 5 179.13 亿吨；稀土氧化物保有储量 808.07 万吨、保有资源量 12 910.86 万吨；铁矿石保有储量 6.13 亿吨、保有资源量 42.15 亿吨；铜金属保有储量 84.55 万吨、保有资源量 748.18 万吨；金金属保有储量 76.06 吨、保有资源量 886.90 吨。

（六）富集能源

内蒙古煤、油、气、风、光资源丰富。全区有煤炭矿产地 495 处，其中大型矿产地 242 处，煤炭勘查累计估算资源总量 9 538.97 亿吨，煤炭保有资源量为 4 590.41 亿吨、占全国的 26.87%、居全国第 1 位；探明石油产地 36 处，累计探明地质储量 60 836.92 万吨，居全国第 13 位；探明天然气田 33 个，累计探明地质储量 25 110.99 亿立方米，居全国第 3 位；风能资源居全国第 1 位，70 米高度的风能资源技术开发量为 14.6 亿千瓦，约占全国陆地相同高度风能资源技术开发量的 57%；太阳能资源居全国第 2 位，年日照时数达 2 600—3 400 小时。

二、产业基础良好

（一）农牧业方面

1. 粮食生产"十八连丰"

坚决落实粮食生产党政同责，努力确保粮播面积只增不减，2021 年，粮播面积达 10 326.45 万亩，较去年增加 76.65 万亩，增量居全国第 4 位，连续 6 年稳定在 1 亿亩以上。粮食总产量达 384.03 亿千克，全国排名跃升 2 位，超过河北省、江苏省，居第 6 位；较去年增加 17.63 亿千克，增量居全国第 4 位。年外调粮食 200 亿千克以上。

2. 畜牧业生产实现"十七连稳"

坚持"种养结合、为养而种、农牧循环"的草畜一体化发展思路，持续实施百万肉牛、千万肉羊高产创建工程，扎实推进十大奶业集群建设，保持生猪稳产保供好势头。肉类产量达到 270 万吨，牛奶产量达到 673 万吨，牛肉 68.7 万吨、羊肉 113.7 万吨、牛奶、羊绒 6 700 吨产量稳居全国第一，外调肉类 150 万吨、乳品 500 万吨以上，畜牧业实现"十七连稳"。农畜产品加工转化率达到 65%，形成 2 个千亿级、9 个百亿级农牧业主导产业。

3. 耕地和种子工作有力推进

新建高标准农田 460 万亩，累计建成 4 585 万亩；实施黑土地保护性耕作 1 116 万亩、黑土地保护利用 110 万亩，开展耕地轮作 900 万亩，带动全区耕地地力有效提升。深入实施种业振兴行动，建成 7 个国家级良种繁育基地、11 个国家级核心育种场和 5 家种公牛站，牛羊供种能力和奶牛良种产销均居全国首位。全区农作物良种繁育基地面积达到 100 万亩以上，年审定主要农作物品种 185 个，马铃薯脱毒种薯繁育能力全国第 1，大豆制种面积全国第 3，向日葵品种全国市场占有率超过 1/3。

4. 产业化、品牌化发展步伐加快

以草原肉羊、河套向日葵、科尔沁肉牛、大兴安岭大豆 4 个国家级优势特色产业集群、17 个现代农牧业产业园和 38 个国家农业产业强镇为抓手，以 716 家自治区级以上重点龙头企业为依托，将生产向加工、流通、品牌、销售拓展，延伸产业链、提升价值链，初步构建起奶业、玉米 2 个千亿级和肉羊、肉牛、马铃薯等 10 个百亿级优势产业链条。深入实施区域公用品牌建设 3 年行动，认证绿色、有机和地理标志农产品总数达到 1 982 个，总产量 916 万吨，位居全国前列。

5. 农牧业发展质量切实提升

持续开展产地环境净化，化肥、农药使用量继续保持负增长，地膜、秸秆回收利用率分别达到 81% 和 86%，畜禽粪污综合利用率达到 87.4%，高于国家约束性目标任务 12.4 个百分点。进一步发挥装备科技支撑能力，综合机械化率达到 86.5% 以上，高于全国平均水平 15 个百分点。推广重点技术 350 多项，农牧业科技贡献率达到 60%。全年抽检农畜产品 3.8 万批次，总体合格率达到 98% 以上，质量安全形势持续向好。农村牧区人居环境整治扎实开展。

6. 农村牧区综合改革稳步推进

农村牧区集体产权制度改革基本完成，全区 98.9% 的嘎查村成立了股份（经济）合作社。农村牧区第二轮土地承包到期后再延长 30 年试点和全国宅基地管理改革试点工作持续推进。与中国建设银行内蒙古分行合作建立内蒙古农

牧业大数据平台，31 个试点旗县"一站式"办理土地流转及金融信贷等业务。牧区现代化试点稳步实施，积极探索开展农区现代化试点工作。

（二）工业方面

1. 电力工业

截至 2020 年底，全区电力装机容量 14 581 万千瓦，同比增长 13.59%，居全国第 2 位。其中：火电装机 9 382 万千瓦，占总容量的 64.3%，同比增长 7.6%，居全国第 4 位；风电装机 3 785 万千瓦，占总容量的 26.0%，同比增长 29.7%，居全国第 1 位；光伏装机 1 176 万千瓦，占总容量的 8.1%，同比增长 22.2%，居全国第 9 位；水电装机 238 万千瓦，占总容量的 1.6%，居全国第 21 位。全区拥有百万千瓦及以上电厂 30 家，装机容量为 5 482.5 万千瓦，占火电机组容量的 58.4%。全区电网分为蒙西电网和蒙东电网。蒙西电网装机容量 11 019 万千瓦，供电区域为自治区中西部的六市二盟，包括呼和浩特市、包头市、乌海市、鄂尔多斯市、巴彦淖尔市、乌兰察布市、阿拉善盟、锡林郭勒盟；蒙东电网装机容量 3 562 万千瓦，供电区域为自治区东部三市一盟，包括呼伦贝尔市、通辽市、赤峰市、兴安盟。2020 年，全区电力工业增加值增速为 3.2%，同比增长 1 个百分点。发电量达到 5 690 亿千瓦时，同比增长 4.5%，居全国第 2 位。发电设备年平均利用小时数 4 143 小时，同比减少 129 小时，居全国第 3 位。全区外送电量 2 070 亿千瓦时，全社会用电量 3 900 亿千瓦时，居全国第 6 位。

2. 冶金建材工业

（1）钢铁　一是，截至 2020 年底，建成钢铁企业 21 户、在建 2 户，建成炼铁产能 2 948 万吨、炼钢产能 3 010 万吨，在建炼钢产能 294.4 万吨。二是，生铁产量 2 336.7 万吨，累计增长 1.5%，占全国比重（88 680 万吨）2.6%，全国排第 9 位；粗钢产量 3 058.6 万吨，累计增长 15.3%，占全国比重（104 853.8 万吨）2.9%，全国排第 9 位；钢材产量 2 857.2 万吨，累计增长 11.4%，占全国（131 130.5 万吨）比重 2.2%，全国排第 16 位，粗钢产能就地转化率达 93.41%。三是，全区已建成高炉 34 座（1 200 立方米及以上高炉 12 座、占比 35.2%），转炉 29 座（120 吨及以上转炉 14 座、占比 48.2%）。在建 90 吨 AOD 精炼炉 2 座、50 吨电弧炉 1 座、120 吨转炉 1 座。

（2）铁合金　内蒙古自治区铁合金企业共计 219 户，总产能 1 493.48 万吨。截至 2020 年，铁合金产量 1 099.3 万吨，同比增长 13.6%，占全国的（3 510.3 万吨）31.3%，全国排第 1 位。自 2007 年以来，内蒙古自治区加大铁合金行业淘汰落后产能工作力度，铁合金 6 300 千伏安及以下矿热炉已全部淘汰，矿热炉整体技术处于全国领先水平。"十四五"期间，内蒙古自治区能耗双控目标任务形势更为严峻，将持续推进高耗能行业结构调整力度，从严控制高耗能行业产业规模，加大对 25 000 千伏安及以下矿热电炉、30 000 千伏安以下电石矿热炉的淘汰力度。

（3）十种有色金属　内蒙古自治区有 10 种有色金属企业 37 户。其中，电解铝企业 11 户、铜冶炼企业 6 户、锌冶炼企业 4 户、铅冶炼企业 5 户、镁冶炼企业 10 户、锡冶炼企业 1 户，建成产能 850.23 万吨。截至 2020 年，10 种有色金属产量 729.06 万吨，同比增长 17%，全国排第 2 位，占全国产量（6 144 万吨）12.1%。其中，电解铝企业 11 户，总规模 847.68 万吨。截至 2020 年，电解铝产量 571.81 万吨，同比增长 14.1%，产量占全国（3 689.1 万吨）的 15.5%，在全国 18 个电解铝生产省排第 3 位。电解铝就地转化率 50%，产能利用率 93.5%。铜冶炼企业 6 户，产能 91 万吨（精铜产能 55 万吨）。截至 2020 年，铜产量 53.45 万吨，同比增长 26.8%，产量占全国（1 027.9 万吨）比重 5.2%，全国排第 11 位。产能利用率为 58.2%。锌冶炼企业 4 户，产能 65 万吨。截至 2020 年，锌产量 69.21 万吨，同比增长 11.7%，占全国产量（635 万吨）比重 10.9%，全国排名第 4 位。产能利用率为 106%。铅冶炼企业 5 户，产能 52 万吨。截至 2020 年，铅产量 31.24 万吨，同比增长 6.4%，占全国产量（624.9 万吨）比重 5%，全国排第 10 位。产能利用率为 60.2%。镁冶炼企业 10 户、产能 30.5 万吨。截至 2020 年，镁产量 3.02 万吨，同比增长 194%，产量占全国（84 万吨）的 3.6%，在全国排第 7 位；锡冶炼企业 1 户，产能 1 万吨，截至 2020 年产量 0.3 万吨。

（4）稀土　内蒙古自治区稀土选矿 42 万吨、金属电解 5.02 万吨、混合碳酸稀土焙烧 10.5 万吨、冶炼分离 9.4 万吨、磁性材料 6.24 万吨、抛光材料 3.2 万吨、储氢材料 1.1 万吨、催化材料 4 万吨、稀土合金及稀土钢 180.15 万吨；稀土企业 160 户，其中上游企业 31 户（选矿 1 户、金属电解 14 户、焙烧 6 户、分离 10 户）、下游深加工企业 89 户（永磁材料企业 38 户、抛光粉 22 户、储氢材料 4 户、催化材料 14 户、稀土合金 11 户）、稀土应用企业 40 户（稀土永磁应用企业 15 户、储氢材料应用企业 5 户、其他应用企业 20 户）。截至 2020 年稀土行业产值 213 亿元，同比增长 5% 左右。

（5）黄金　内蒙古自治区 12 个盟市中共有 7 个盟市产金，形成了以巴彦淖尔市、赤峰市、锡林郭勒盟、包头市为主的 4 大产金基地。全区共建成黄金企业 21 户，日处理矿石量产能 64 509 吨。截至 2020 年底，生产黄金 13 791.83 千克。

（6）建材行业　①水泥：内蒙古自治区共有水泥生产企业 138 家，其中粉磨站企业 91 家，熟料生产企业 47 家，日产 5 000 吨熟料生产线 19 条，日产 2 000～2 500 吨生产线 34 条，日产 1 500 吨以下生产线 3 条。电石渣水泥熟料产能 675 万吨，占总产能的 11.8%。全区水泥熟料生产能力 5 719 万吨，截至 2020 年，水泥熟料产量 3 810 万吨、同比增长 7.6%，产能利用率 66.62%。②玻璃：内蒙古自治区共有 3 家平板玻璃生产企业，产能 1 520 万重量箱，截至 2020 年，平板玻璃产量 1 039 万重量箱，同比增加 4.67%；③石墨：内蒙古自治区共有 40 家石墨新材料企业，已建成产能规模达 96 万吨，形成柔性石墨、高纯石墨、微粉石墨、锂离子电池负极材料、高导热石墨、中碳石墨等 6 大类 20 多个品种。

3. 化学工业

近年来，内蒙古自治区化学工业依托重点地区、重点企业和重点工业开发区，整合生产要素，调整产业结构，优化配置资源，建设了一批规模大、技术水平高的化工项目，初步形成了沿重要河流、交通干线、资源富集地区的以煤化工、氯碱化工、有机化工、硅化工、氟化工、精细化工为主的产业格局。形成的产业链条主要有煤制甲醇-甲醇燃料-甲醇下游产品及其精细化学品发展路线、电石-聚氯乙烯、聚乙烯醇、1,4-丁二醇产业链、萤石-氟化氢-氟化工深加工产业链、焦炭-焦炉气深加工、粗苯精制、煤焦油深加工等。

(1) 精甲醇 内蒙古自治区甲醇生产企业 25 户，产能 1 060 万吨，产量 1 286.2 万吨，同比增长 8%。甲醇企业平均生产规模 46 万吨，50 万吨以上总产能为 758 万吨，占全区甲醇总产能的 71.5%。甲醇行业工艺技术装备处于国内领先水平。甲醇下游已形成煤气化-甲醇-烯烃、煤制甲醇-甲醇燃料-甲醇下游产品及其精细化学品、甲烷气-甲醇-聚甲醛等产业链。

(2) 尿素 内蒙古自治区尿素生产企业 12 户，产能 911 万吨，产量 738.7 万吨，同比增长 1.8%，产能利用率 81%。尿素装置单套规模在 50 万吨以上合计产能 855 万吨，占内蒙古自治区尿素总产能的 93.9%。

(3) 焦炭 内蒙古自治区焦炭生产企业 41 家，产能 5 775.8 万吨，产量 4 223 万吨，同比增长 13%。产能利用率 3%。炭化室高度 5.5 米以上焦炉产能 4 130 万吨，占全区总产能的 71%。目前，全区已形成煤焦化-煤焦油-煤焦油深加工、粗苯加氢、煤焦化焦炉煤气-LNG、煤焦化-焦炉煤气-甲醇-芳烃等多条产业链。

(4) 电石 内蒙古自治区电石生产企业 77 户，产能 1 458 万吨，产量 1 029.2 万吨，同比增长 10.4%，产能利用率 70.6%。25 000 千伏安以上电石矿热炉产能 1 262 万吨，占全区电石总产能的 81.4%。电石行业技术改备水平较高，密闭式电石炉（30 000 千伏安）以上电石热炉产能 1 066 万吨，占全区电石总产能的 70%，技术装备水平位居全国前列。电石下游已形成煤-电-电石-PVC-工业废渣水泥、电石-醋酸乙烯-PVA（聚乙烯醇）-特种纤维、电石-1,4-丁二醇、电石-氯碱-季戊四醇等产业链。聚氯乙烯。PVC 生产企业 13 户，产能 487 万吨，产量 433.6 万吨，同比增长 10%，产能利用率 89%。氯碱化工行业已形成电石-PVC-塑料制品、电石-氯碱-氯气-特种树脂产品等产业链。

4. 农畜产品加工业

2020 年，农畜产品加工业增加值增速同比增长 8.6%，占规模以上工业的 9.3%，规模以上企业 475 家，完成营业收入 2 408.3 亿元。其中，食品制造业规模以上企业 76 户，完成营业收入 1 291.6 亿元，同比增长 11.9%。医药制造业工业增加值增长 11.1%，占规模以上工业的 1%，规模以上企业 58 户，完成营业收入 179.8 亿元，同比增长 17.5%。主要产品产量：乳制品 337.3 万吨，液体乳 318.9 万吨，猪牛羊禽肉产量 260.8 万吨，毛纱 1 717.6 万吨，羊绒衫 526.8 万件。

5. 装备制造业

2020 年，内蒙古自治区装备制造业规模以上企业 153 户。交通运输设备制造重点企业 11 户，产能 30 万辆；汽车零部件企业 43 户，汽车变速器产能 60 万台，发动机产 45 万台，汽车铝轮毂产能 755 万只；铁路货车及其零部件企业 4 户，产能 10 000 辆。

（1）工程机械　重点企业 7 户，产能为非公路矿用车 3 000 台、石油综采设备抽油杆 243 万立方米、钻杆 52 万只、推土机 500 台。风电设备制造重点企业 41 家，整机企业 12 家，整机产能 13 749 台套（其中 8 000 台套民用风机）；风电设备制造配套企业 29 户，产能为塔筒产能 62 万吨（平均每套 100 吨）、叶片产能约 10 000 支、法兰产能 1 200 套、风力发电机产能 1 000 台、机舱 600 套。电气产品制造重点企业 19 户，产能为瓷绝缘子 250 万只，高低压配电柜、箱式变电站 10 000 台；高压电力输配电设备配件 2 000 吨；高低压开关柜 1 800 台，箱式变压器 300 台。农牧业机械制造重点企业 22 户，产能为捆草机、割草机、采棉机 10 000 台；农机装备 5 000 台（套）；饲料搅拌机 15 000 台；播种机、撒肥机、玉米收获机 70 000 台（套）、马铃薯收割机 2 000 台。

（2）煤炭机械　制造重点企业 11 户，产能为截齿 40 万把、锚杆 50 台套、矿用无轨胶轮车 500 辆、齿轮箱（减速机）100 套、齿轮配件 1 000 件、结构件 1 000 件；燥设备、矿物高效分离机、干法选煤设备 10 套。无人机、机器人、增材制造规模以上企业 3 户，产能为无人机 2 000 架、3D 打印设备 200 台、产品 10 000 件。其他行业重点企业 28 户，主要包括非标零部件加工、机械设备维保、医疗器械、水泵和锅炉小型通用设备制造及铸造等，产能为非标零部件加工 2 000 吨、潜水泵 15 000 台、铸铁件 95 000 吨、大齿轮箱体 90 000 件、小齿轮箱体 90 000 件、支架 1 000 000 件、铸钢阀门 8 000 吨、阀门 4 900 吨、矿热炉 20 台（套）、钢结构 6 万吨、玻璃基板 81.6 万张、超低温空气源热泵 2 000 台、采暖炉 100 万台、水处理设备 1 000 台套。

6. 工业信息化及电子政务

截至 2020 年底，内蒙古自治区两化融合管理体系贯标试点企业 113 户，全国第 21 名。其中，国家级贯标试点企业 64 户，全国第 17 名。启动评定企业 63 户，全国第 22 名。通过评定企业 33 户，全国第 23 名。其中，通过国家级试点评定企业 22 户，全国第 24 名。全区参与两化融合评估诊断和对标引导 3 838 户，全国第 12 名。内蒙古自治区对标企业两化融合发展指数 50.3，全国第 17 名。截至 2020 年底，全区电子政务外网纵向骨干网络：自治区、盟市、旗县（市、区）纵向三级网络覆盖率均为 100%；接入乡镇（苏木、街道）1 080 个，接入率达到 97%；2020 年未做行政村统计。横向接入部门：自治区本级接入部门达到 139 个接入率达到 100%；盟市级接入部门 1 317 个，接入率达到 94%；旗县区级接入部门 6 259 个，接入率达到 97%。截至 2020 年底，落地建成中国移动（呼和浩特）数据中心、华为北方云数据中心、阿里巴巴信息港项目苹果乌兰察布数据中心、优刻得数据中心、快手智能云乌兰察布数据中心等 12 个数据中心项目，总投资约为 662.2 亿元，服务器规模约 256 万台。

（三）服务业方面

金融、物流、会展、信息服务、科技服务等现代服务业快速发展，健康、养老、托育、家政等生活服务业渐成规模，服务业对内蒙古经济增长的贡献率超过 50%。把发展服务业作为扩大内需、调整结构和转变发展方式的重要战略任务，2020 年全年第三产业增加值 8 466.7 亿元，其中批发零售和住宿餐饮业增加值 1 665.0 亿元，交通运输、仓储和邮政业增加值 1 163.1 亿元，金融业增加值 888.9 亿元，房地产业增加值 921.3 亿元。累计接待国内外游客 12 503.1 万人次，实现旅游业综合收入 2 406.4 亿元。货物运输总量 170 550.1 万吨，旅客运输总量 7 395.2 万人，邮政行业业务总量 63.7 亿元。电信业务总量 2 584.6 亿元，移动电话用户总数 2 962.2 万户。

三、科技创新能力逐步增强

近年来，内蒙古自治区大力实施创新驱动发展战略，出台加快推进"科技兴蒙"行动、支持科技创新的政策措施，支持国家级创新平台创建、高新区升级、种业技术创新中心建设，创新成果逐年向好。

（一）高新技术行业增长加快

2018 年度全区规模以上高新技术行业增加值增长 17.1％，拉动工业增长 0.4 个百分点。由内蒙古电力（集团）有限责任公司参与合作完成的"复杂电网自律——协同自动电压控制关键技术、系统研制与工程应用"研究项目获得年度国家科学技术进步一等奖。白云鄂博矿区建成了世界首条稀土硫化物（着色剂）连续化隧道窑生产线和热度钢（铝）复合板彩印中试线。北方重工集团有限公司"3.6 万吨黑色金属垂直挤压机装备及工艺技术研发"项目获中国工业大奖表彰奖。鄂尔多斯羊绒纺织品标准成为国家标准。农牧业科技进步贡献率达到 55％，全区农牧业机械总动力 3 663.7 万千瓦，综合机械化水平达到 84％。乌兰察布马铃薯、锡林郭勒羊肉、五原向日葵、科尔沁牛 4 个品牌入选"中国农民丰收节 100 个农产品品牌"。

（二）关键技术取得重大突破

2019 年度全年关键技术攻关共安排 251 项，比上年增长 55.9％。科技成果转化资金 5.5 亿元，比上年增长 23.0％。截至 2019 年底，有重点实验室 154 个，院士专家工作站 182 个，农业科技园区 55 个，科技企业孵化器 54 个，众创空间 221 个，科技特派员 4 384 人。2019 年全年专利申请 21 069 件，专利授权量 11 059 件，分别增长 28.3％和 14.9％。2019 年内共签订各类技术合同数 6 130 个，其中区内成交技术合同数 922 个，增长 75.0％。全区高新技术企业有 907 个，比上年增长 20.5％。工业新产品不断涌现。2019 年全年石墨及碳素制品产量增长 9.6％，矿山专用设备增长 32.6％，工业机器人增长 66.7％，智能电视增长 57.7％，光电子器件增长 21.0％，稀土化合物增长 11.4％。新产业、新业态积极布局。规模以上工业战略性新兴产业增加值比上年增长 2.3％，高技术制造业增加值增长 3.8％。全区实物商品网上零售额比上年增长 29.2％。农牧业科技进步贡献率达到 55％以上，2019 年末全区农牧业机械总动力 3 859.9 万千瓦，比上年同口径增长 5.4％。农业综合机械化水平 85％。11 个农畜产品区域公用品牌入选 2019 中国农业品牌目录，天赋河套区域品牌影响力居全国第二，产品溢价 20％以上。蒙牛集团公司获得 2019 年国家智能制造标杆企业称号。

（三）研发机构和人才队伍不断壮大

上海交通大学内蒙古研究院、内蒙古草业与草原研究院等新型研发机构挂牌运行。内蒙古自治区科技计划支持合作项目 493 项，305 个项目获得国家自然科学基金支持。启动实施稀土、石墨烯、氢能、大规模储能、碳捕集封存等五大领域科技重大专项，推进国家乳业、稀土新材料技术创新中心建设，超纯稀土金属绿色化制备技术、高容量储氢合金材料性能达到国际先进水平。新增国家、自治区级科技企业孵化器和众创空间 41 家，培育高新技术企业 162 家、总数达 1 069 家。刚性引进国家杰出青年、长江学者各 1 名，柔性引进院士 4 名，新入选第五批国家"万人计划"专家 4 名。

四、生态文明制度与政策体系不断完善

（一）生态文明制度建设和改革稳步推进

党的十八大将生态文明建设纳入中国特色"五位一体"总体战略布局当中，生态文明建设以前所未有的重视程度被提升为国家重大战略高度。党的十八大之后，内蒙古生态文明建设进入快速发展的轨道。2014 年习近平总书记视察内蒙古自治区时指出，内蒙古的生态状况如何，不仅关系到内蒙古各族群众生存和发展，也关系华北、东北、西北乃至全国生态安全。要大胆先行先试，积极推进生态文明制度建设和改革。内蒙古自治区党委、政府深入贯彻落实总书记重要指示精神，坚持"绿色发展"理念，进一步明确"把内蒙古建设成为我国北方重要生态安全屏障"的目标定位，大力推动生态文明制度建设和改革。为此，内蒙古自治区党委成立了生态文明建设委员会，建立日常协调议事机制，加强生态文明建设的组织保障；出台《关于加快生态文明制度建设和改革的意见》《关于加快推进生态文明建设的实施意见》等政策文件，在资源资产管理、生态建设、环境保护等方面形成一批制度成果，一些改革举措落地见效。

1. 建立国土空间开发保护制度，可持续发展能力进一步提高

（1）严格落实主体功能区制度 制定《内蒙古主体功能区规划》及《实施意见》，对不同主体功能区实行差别化的产业、财政、投资、土地、环保、水资源、人口等政策，并在呼伦贝尔市和四子王旗开展试点。2015 年与 2012 年相比，重点开发区地区生产总值和人口占比分别增加 5 和 4.6 个百分点；农产品主产区粮食产量和肉类产量占比分别提高 0.8 和 3.3 个百分点；重点生态功能区森林覆盖率和草原植被盖度分别提高 0.5 和 1.4 个百分点。在重点开发区、农产品主产区和重点生态功能区三类主体功能区中，分别确定准格尔旗、杭锦后旗和扎兰屯市为试点旗市，开展"多规合一"改革试点。各试点地区编制完成《多规融合总体发展规划》及《试点方案》，将本地经济社会发展规划、

城乡规划、土地利用规划、生态环境保护规划等有机整合，形成一个旗市一本规划、一张蓝图的格局。同时将 41 个旗县（市区）、超过 70％的国土面积划分为重点生态功能区。启动开展"十三五"国民经济和社会发展规划纲要战略环评。出台《限制开发区域限制类和禁止类产业指导目录（2016）年本》，编制 35 个国家重点生态功能区旗县产业准入负面清单。

（2）完善国土开发利用管理制度 研究制定《关于全面推进土地资源节约集约利用的指导意见》，出台《自治区城市设计编制、管理指导意见》，积极开展城市"双修"（生态修复和城市修补）工作，全区城镇控制性详细规划平均覆盖率达到 80％以上。建立以节约集约土地为核心的供地长效机制，将全区 8％的国土面积划定为禁止建设区，91.2％划定为限制建设区。加大闲置土地处置力度，处置率由 26％提高到 89％，16 个旗县被命名为全国土地节约集约模范县。积极开展工矿废弃地复垦利用，复垦土地面积 1.3 万公顷。大力实施城乡建设用地增减挂钩工作，截至 2015 年底，内蒙古自治区批准 59 个项目区实施规划，安排使用周转指标 12.7 万亩，累计折旧复垦 8 474.7 公顷。

（3）加快美丽乡村建设 大力开展农村牧区人居环境整治。截至 2016 年底，共完成危房改造 116 万户，解决 406 万贫困人口的居住安全问题；44 个嘎查村被评为中国传统村落，6 个镇（村）被评为国家级历史文化名镇（名村），37 个镇（村）被评为国家级特色景观旅游名镇（名村），17 个镇（村）被评为国家级美丽宜居镇（村）。全区共创建绿色村庄 302 个。

2. 完善自然资源资产管理制度，节约集约利用效率进一步提高

（1）完善自然资源资产管理制度 对全区水流、森林、山地、草原、荒地、滩涂等自然生态空间开展调查、评价工作，积极探索推进自然资源资产统一确权登记制度。完成所有盟市旗县不动产统一登记职责整合工作，并成功接入国家系统。推行国土资源比价招投标机制，规范土地市场运行。通过对地质环境治理和土地整治等生态建设项目实施比价招投标，节约资金 20 亿元，项目平均降价比例超过 15％。

（2）实行生态保护优先的绩效考核评价制度 2012 年内蒙古自治区成立"十二五"减排工作领导小组，制定 10 项规章制度部署和推进减排工作，内蒙古自治区党委、政府将减排考核纳入对盟市领导班子"三位一体"考核体系，建立环境保护工作机制，严格落实环境保护主体责任，完善领导干部目标责任考核制度。自 2013 年起，各地均建立"政府领导，各部门分工负责，环保部门统一监督管理，公众积极参与"的环保考核管理体制。根据不同区域主体功能定位实行差异化绩效评价考核。2014 年将减排考核纳入内蒙古自治区党委政府年度考核体系，考核的 39 项指标中，减排考核占 4 项。2015 年内蒙古自治区党委办公厅、自治区人民政府办公厅印发《党委、政府及有关部门环境保护工作职责》规定，建立健全生态环境保护实绩考核评价制度，全面考核党委、政府贯彻落实生态环境保护法律法规及方针政策情况，并将资源消耗、环境保护生态效益等纳入党政领导班子和领导干部实绩考核评价体系，作为奖惩任用的重要依据。制定生态文明建设目标评价考核办法、生态文明建设考核目标体系、绿色发展指标体系，将资源消耗、环境损害、生态效益、产能过剩等纳入经济社会发展评价体系，列入对盟市党政领导班子的考核指标中。

（3）健全自然资源资产有偿使用制度　矿产资源有偿使用方面，出台《关于深化煤炭资源市场化配置的意见》和《推进矿业权出让制度改革的实施意见》，实现矿产资源有偿使用全覆盖。林地有偿使用方面，修订《建设项目使用林地补偿标准》，提高林木和林地补偿标准，实现林地补偿费和安置补助费与耕地征收同地同价。草原有偿使用方面，制定《占用征用草原审核审批管理办法》，依法征收草原植被恢复费用。水资源有偿使用方面，修订《水资源费征收标准及相关规定》，制定《全面推行和完善居民用水阶梯价格制度的指导意见》，建立居民阶梯水价制度。

（4）创新自然资源资产管理体制　2013年内蒙古自治区先行启动了"编制自然资源资产负债表、领导干部自然资源资产离任审计和生态环境损害赔偿与责任终身追究制度"三项生态文明制度改革创新试点工作。制定编制自然资源资产负债表总体方案，完成全区土地、林木、草原、水和矿产等资源实物量变动表编制工作，基本摸清了全区主要自然资源资产底数。在呼伦贝尔市开展国家级自然资源资产负债表编制试点，初步数据已上报国家统计局。把资源消耗、环境损害、生态效益纳入经济社会发展评价体系。2014年，印发《内蒙古自治区环境保护厅行政处罚程序》建立健全决策责任追究制度，实现决策权和决策责任相统一。2015年，内蒙古自治区党委、政府下发《党委政府及有关部门环境保护工作职责》，进一步厘清了盟市政府和41个区直单位的环境保护职责分工。同年发布的《关于切实加强环境监管执法的通知》，规定强化监管责任追究实施生态环境损害责任终身追究，建立倒查机制，对发生重特大突发环境事件，任期内环境质量明显恶化、不顾生态环境盲目决策、造成严重后果、利用职权干预、阻碍环境监管执法的，要依法依纪追究有关领导和责任人的责任。领导干部自然资源资产离任审计方面出台实施方案，在呼伦贝尔市开展国家自然资源资产离任审计试点。对鄂尔多斯市和锡林郭勒盟草原资源、赤峰市和兴安盟森林资源、巴彦淖尔市耕地资源、牙克石市水资源、乌拉特后旗矿产资源开展审计试点；在阿尔山市和伊金霍洛旗开展自然资源领导干部全面审计试点。党政领导干部生态环境损害责任追究方面，出台党政领导干部生态环境损害责任追究实施细则（试行），建立生态环境损害负面清单。在锡林郭勒盟和鄂尔多斯市开展试点。截至 2017 年上半年，已累计追责各级领导干部 135 人。

3. 健全生态环境保护体制机制，生态保护与建设水平进一步提高

（1）完善草原保护制度　修订基本草原保护条例，制定禁牧和草畜平衡工作监督管理办法，建立起阶段性禁牧、休牧、划区轮牧和草畜平衡制度。

（2）完善森林保护制度　制定自治区国有林场和国有林区改革方案，全面停止森工集团、岭南八局和 102 个林场木材商业性采伐，年停伐量 110 万立方米，每年减少森林消耗 201 万立方米。开展国有林场剥离办社会和企业划转工作，重点国有林管理机构挂牌运行之后转为内蒙古森工集团。积极推进集体林地确权，制定《关于林权流转的指导意见》。

（3）完善水资源管理制度　制定实行最严格水资源管理制度，2015 年用水总量控制目标低于国家要求 21.95 亿立方米，万元工业增加值用水量比 2012 年下降 25％，2016 年全区万元工业增加值用水量较 2015 年又下降 13.37％；农田灌溉水有效利用系数达到 0.532，高于国家要求 2.1 个百分点，江河湖泊水功能区水质达标率高于国家要求 2.8 个百分点。修订《行业用水定额标准》，将中水和疏干水等非常规水源纳入水资源统一配置，全区近 50％的工业园区完成规划水资源论证批复，66％的农业用水核发农业取水许可证。完成高效节水灌溉面积 303 万亩。

（4）完善沙地沙漠保护管理制度　实施京津风沙源治理二期、沙化土地封禁保护等工程，巴丹吉林、腾格里、乌兰布和、库布齐、巴音温都尔等五大沙漠周边重点区域沙漠扩展现象得到遏制，沙漠面积相对稳定；呼伦贝尔、科尔沁、浑善达克、乌珠穆沁、毛乌素等五大沙地林草盖度均有不同幅度提高，沙地向内收缩。其中，科尔沁和毛乌素沙地生态状况呈现区域性逆转；浑善达克沙地生态建设成效显著，与治理初期相比，植被盖度提高了近 15 个百分点，明沙面积减少 28％左右。草原植被盖度提高到 38.85％；荒漠化面积减少 700.7 万亩，沙化土地面积减少 515 万亩，实现了"双减少"，2.4 亿亩风沙危害面积和 1.5 亿亩水土流失面积得到初步治理。

（5）完善生态环境保护市场体系　积极运用经济杠杆，提升市场主体对环境治理和生态保护的参与度。碳排放权方面，开展碳排放权交易试点工作，明确交易机制和规则，完成 344 家重点企业碳排放历史数据的核算核查工作，264 户企业被纳入全国碳排放权交易市场名单。排污权方面，在鄂尔多斯市、赤峰市和乌海市开展排污权有偿使用和交易试点工作，制定《主要污染物排污

权有偿使用和交易试点实施方案》和《交易管理办法》，建立排污权有偿使用和交易制度体系，组织 498 家企业成功进行排污权交易。水权方面，在鄂尔多斯市、阿拉善盟和巴彦淖尔市开展跨盟市水权转让试点，转让水权指标 1.2 亿立方米。

（6）**完善生态补偿机制**　制定健全生态保护补偿实施意见，对草原、森林、水流、湿地、耕地等资源实施生态补偿制度。为落实草原生态保护补偿奖励政策，2014 年下发《内蒙古自治区推进草原生态保护补助奖励机制政策落实的通知》，制定《内蒙古自治区草原生态保护补助奖励政策实施方案（2016—2020 年）》。据统计，内蒙古自治区于 2011 年实施一期草原生态补奖机制，2011—2016 年 5 年时间中，国家和地方政府共投入资金 300.6 亿元，10 亿亩草场纳入补偿奖励范围，146 万户农牧民从中受益；完善森林生态效益补偿制度，逐步建立森林生态效益补偿动态调整机制，扩大补偿覆盖面。内蒙古自治区财政先后分四批启动地方公益林补偿。出台森林生态效益补偿基金和公益林管护管理办法，全区国家级公益林纳入森林生态效益补偿 15 985.2 万亩，惠及 44 万农牧户、350 多万名农牧民，年补偿资金达到 18.4 亿元。2015年内蒙古自治区发布《内蒙古自治区建设项目使用林地补偿标准》，加强林地使用补偿管理；耕地保护补偿方面，已开展耕地质量调查评价工作，2015 年在和林格尔县开展农村土地征收制度改革国家试点，2016 年 5 月完成首宗集体建设用地使用权转让；2016 年制定《内蒙古自治区人民政府办公厅关于健全生态保护补偿机制的实施意见》，规定坚持政府主导和社会参与相结合，建立多元化生态补偿机制；坚持保障权利和强化责任相结合，建立受益者付费和保护者得到合理补偿的运行机制。

（7）**完善耕地重点湖泊湿地保护制度**　制定耕地草原河湖休养生息规划、退耕还湿及湿地保护修复制度实施方案，开展耕地休耕试点，实施耕地还湿1.26 万公顷（2017—2020 年）。建立湿地生态监测和管理体系，25％的重要湿地得到有效保护。加大呼伦湖、乌梁素海、岱海湖等重点项目的治理力度，呼伦湖水环境质量得到初步改善。

4. 改革环境保护管理体制，环境监管水平进一步提高

（1）**严格落实大气、水和土壤污染防治行动计划**　制定出台《建设项目主要污染物总量指标审核及管理实施细则》，完善污染物排放许可、排污总量控制制度。推动环境污染第三方治理，研究制定《自治区推行环境污染第三方治理和服务的实施方案》《环保基金设立方案》等一系列大气污染防治政策性文件，与周边北京、天津、河北、山西、山东五省份建立了跨区域大气污染防治协作机制，内蒙古自治区内环保、公安、交通、气象等 15 个部门建立会商联动机制，加大乌海及周边大气污染综合治理力度。2016 年以来完成环境综合整治项目 1 229 个。制定《自治区关于水污染防治行动计划的实施意见》和《饮用水水源保护条例》，土壤污染防治计划有序实施，共布设监测点 696 个。全面启动全区土壤污染状况详查工作。

（2）完善排污许可总量控制制度　制定控制污染物排放许可制实施方案，启动排污许可证核发工作，截至 2017 年 6 月 30 日，完成全区核发范围内 176 家火电和造纸行业相关企业的排污许可证申请与核发工作。

（3）创新环境监管体制和方式　建立严格监管所有污染物排放的环境保护管理制度。对各类环境违法违规行为实行"零容忍"，加大查处力度，严厉惩处违法违规行为。2013 年组织开展内蒙古自治区环保专项行动工作，加大对电力企业、城镇污水处理厂等重点减排治污企业的督导检查工作，并开展矿山企业专项执法检查。2014 年由内蒙古自治区人大常委会领导带队的执法检查组，对全区 12 个盟市大气污染防治法的实施情况进行专项检查。为了促进各盟市大气污染防治工作，内蒙古自治区政府成立 6 个专项督查组，对全区 12 个盟市大气污染防治开展情况进行专项检查，并对督查中发现的问题及时反馈各盟市政府要求整改。2014 年，内蒙古自治区环境保护厅与自治区公安厅联合下发《关于全区建立完善环保与公安环境执法联动协作机制的意见》，从制度、机制层面加强联合执法工作。2015 年内蒙古自治区制定《内蒙古自治区人民政府办公厅关于切实加强环境监管执法的通知》，切实增强依法保护环境的责任感和紧迫感，不断加强对环境监管执法的组织领导，明确责任，强化措施，认真抓好各项工作的落实，全面提升环境监管法水平。同年，成立以内蒙古自治区政府主要领导为组长的乌海及周边地区环境综合整治领导小组，制定区域大气污染防治规划、实施意见和工作方案，开展工业园区联合执法检查，积极推动乌海及周边地区环境综合整治；制定《全区环境保护大检查工作方案》《关于切实加强环境监管执法的通知》《环境保护督察工作方案》等多项制度。重拳打击违法排污，全面清理违法违规建设项目，加大综合惩治力度加强环境监管，积极推行"阳光执法"，严格规范和约束执法行为，强化监管责任追究。实施环境保护党政同责、一岗双责，明晰责任追究主体。建立环境行政执法与刑事司法衔接机制，截至 2017 年 7 月底，全区共移送涉嫌环境污染犯罪案件 25 件。全面推行环境监管网格化管理，全区共划分四级监管网格 6 345 个。建立环境问题四级台账管理制度，对排查出的环境问题按照"一企一档"要求进行台账管理，并实行动态更新、销号管理，初步建立了"全方位、全覆盖、无盲区"的环境监管网络体系。重污染天气预警平台已正常运行，12 个盟市新标准空气质量自动监测站、预警体系建设完成。

（二）生态文明建设制度和政策体系更加完善

党的十九大报告提出加快生态文明体制改革，建设美丽中国的目标。内蒙古自治区党委、政府深入贯彻习近平生态文明思想和习近平总书记关于内蒙古重要讲话重要指示批示精神，认真落实党中央、国务院决策部署，践行绿水青山就是金山银山理念，以生态文明制度建设为保障，全力推进大气、水、土壤污染防治行动计划，稳步实施生态保护修复工程，有效防范生态环境风险，污染防治攻坚战阶段性目标圆满完成，生态环境质量明显改善。

1. 基本建立自治区国土空间规划体系

编制完成《内蒙古自治区国土空间规划》，内蒙古自治区成为全国首个上报国务院待批的省份；划定生态保护红线 59.69 万平方千米，内蒙古自治区一半以上国土面积划入红线；建立了 182 个自然保护区、43 个国家森林公园、49 个国家湿地公园、3 个世界地质公园、8 个国家地质公园。编制完成《内蒙古自治区矿产资源总体规划》，已报自然资源部审批。编制完成《内蒙古黄河流域国土空间规划》，已通过自治区政府审议。编制印发《乌海及周边地区矿产资源开发总体规划》《乌海及周边地区绿色矿山建设和矿山地质环境治理"十四五"规划》《内蒙古自治区"十四五"基础测绘规划》。已完成编制和审批村庄规划 5 832 个，占应编总数的 68.26%。

2. 生态保护修复力度不断加大

修订完成《内蒙古自治区地质环境保护条例》。2021 年建设绿色矿山 133座，全区累计建成绿色矿山 502 座，完成预定目标。2021 年生产矿山完成治理面积 232.4 平方千米，大于上年度破坏面积；实施 18 个历史遗留废弃工矿地生态修复项目，治理面积 37.28 平方千米。乌梁素海流域山水林田湖草生态保护修复试点工程已初见成效，科尔沁草原山水林田湖草沙一体化保护和修复工程已全面启动。

3. 耕地保护工作进一步加强

印发《关于进一步加强耕地保护工作的实施意见》。2021 年全年共入库占补平衡项目 63 个，形成补充耕地指标 6 100 公顷。完成设施农业用地上图入库 42 571 宗，备案规模 127.94 万亩。深入开展农村乱占耕地建房整治，累计上报处置 2020 年 7 月 3 日后新增农村乱占耕地建房问题 80 宗，占用耕地421.89 亩。部署开展 2021 年违法违规占用耕地问题整治。

4. 自然资源资产管理体制逐步建立

圆满完成第三次国土调查工作，"三调"数据于 2021 年 11 月 15 日正式发布。认真开展全民所有自然资源资产清查和价值估算试点和所有权委托代理机制试点工作。研究编制《关于 2020 年度国有自然资源资产管理情况的专项报告》，并代内蒙古自治区人民政府向内蒙古自治区人大常委会做了专题报告。

5. 自然资源督察执法不断强化

制定《自治区生态环境保护督察工作实施办法》，实现 12 个盟市督察全覆盖。积极推动历年来国家土地例行督察整改，2016—2020 年土地例行督察反馈的 7 723 个限期整改问题，已整改到位 7 669 个，整改到位率 99.3%。深入开展违建别墅问题清查整治"回头看"和深化巩固工作，内蒙古自治区 93 个违建别墅问题项目已全部处置到位。持续推进破坏草原林地违规违法行为专项整治，自然资源部门负责的 184 个整治问题，已完成 166 个。

6. 生态环境保护地方立法不断完善

修订《内蒙古自治区环境保护条例》，颁布《内蒙古自治区大气污染防治条例》《内蒙古自治区水污染防治条例》《内蒙古自治区土壤污染防治条例》等地方性法规。形成《关于全面加强生态环境保护坚决打好污染防治攻坚战的实施意见》《生态环境损害赔偿制度改革实施方案》《内蒙古自治区重点流域断面水质污染补偿办法（试行）》《关于实施"三线一单"生态环境分区管控的意见》等一批制度成果，建立排污许可、环保信用评价、信息强制性披露等制度，用最严格制度保护生态环境。

7. 党对生态环境保护的领导不断加强

在区、市、县均成立以党政主要负责同志任主任的生态环境保护委员会。强化"党政同责、一岗双责"，修订出台《各级党委和政府及自治区有关部门生态环境保护责任清单》。强化考核问责，加大盟市党政领导班子"绿色发展"指标考核权重，先行先试领导干部自然资源资产离任（任中）审计，制定《内蒙古自治区党政领导干部生态环境损害责任追究实施细则（试行）》，党对生态环境保护领导责任更加明确。

第六章

内蒙古绿色发展的路径设计

一、统一思想，坚定信心

一要凝聚共识、坚定信念。习近平生态文明思想是习近平新时代中国特色思想的重要内容，是推进生态文明建设、实现美丽中国目标的强大思想武器，必须反复学习、准确领会，深刻把握习近平生态文明思想的重大意义、丰富内涵、精髓要义，全面贯彻落实总书记对内蒙古重要讲话重要指示批示精神，切实把思想和行动统一到习近平生态文明思想上来，进一步增强思想自觉、政治自觉、行动自觉，坚决有力落实好党中央关于能耗"双控"、碳达峰碳中和等决策部署，持续筑牢我国北方重要生态安全屏障。

二要一以贯之、矢志不移。以生态优先、绿色发展为导向的高质量发展新路子，是一条光明之路、长远之路。走好这条新路子，必须从讲政治的高度落实好总书记和党中央赋予内蒙古的战略定位，保持加强生态文明建设的战略定力，牢固树立"绿水青山就是金山银山，冰天雪地也是金山银山"的发展理念，坚持生态优先、绿色发展导向不动摇，守住空间底线，维护发展底线，呵护民生底线，不犹豫、不争论、不折腾，坚定不移走下去，不能因经济发展遇到一点困难就开始动铺摊子、上项目、以牺牲环境换取经济增长念头，突破生态保护底线，也不能因为粗放式的经济发展模式，容易出政绩、见成效就盲目上项目，为"散乱污"企业大开绿灯。

三要革故鼎新、求真务实。生态优先、绿色发展是破除旧发展模式、贯彻新发展理念的全新实践，必须以更开阔的视野、更活跃的思维、更务实的举措走好这条道路。要转变观念，自觉与新发展理念对表对标，主动融入新发展格局，善于用发展的眼光看问题，以创新的思维思考问题，用于改变制约发展的体制机制障碍。要突出一个"实"字，查实情，出实招，重实干、重实效，统筹东中西部差异化协调发展，促进东部盟市放大发挥绿色生态优势推动高质量发展，促进中部盟市扩大环境容量和生态空间，立足产业基础和产业集群优势推动高质量发展，促进西部盟市补齐生态短板推进高质量发展。

四要统筹兼顾、协同推进。坚定不移走以生态优先、绿色发展为导向的高质量发展新路子，是带有全局性、方向性的系统工程，是落实"五位一体"总体布局的必然过程，不仅包括生态文明建设，还涵盖政治建设、经济建设、文化建设、社会建设和党的建设的方方面面。走好这条道路，要立足于系统观念和全局意识，正确把握和处理好经济增长与高质量发展、经济发展与生态保护、传统产业与新兴产业等重大关系，促进经济、社会、文化与自然协调持续发展，不断增强人民群众获得感、幸福感、安全感。

五要持之以恒、久久为功。生态优先、绿色发展不是一时之举、应急之策，而是需要持之以恒、经年累月的不断探索。要将绿色、低碳、循环、可持续的发展作为一项功在当代、利在千秋的事业，坚持以人民为中心的发展思想，大力弘扬蒙古马精神，干在当前、某在长远，一件接着一件做，一届接着一届干，一步一个脚印扫清发展路上的每一个障碍，攻克前进路上的每一个难关，推动生态优先、绿色发展各项决策部署落地见效。

二、实施创新驱动发展战略，塑造发展新动能

（一）实施重大科技创新攻关

实施研发投入攻坚行动，强化研究与试验开发投入强度考核，建立政府投入刚性增长机制和社会多渠道投入激励机制，鼓励企业加大研发投入，引导金融资本和民间资本进入创新领域，持续大幅增加研发投入，逐步缩小与全国平均水平差距。聚焦制约产业转型升级的重点领域和突出短板，瞄准稀土、大规模储能、石墨烯、氢能、碳捕集封存等领域，以及新能源、新材料、高端装备制造、生态环境、现代农牧业等重点领域，承接和组织实施重大科技专项，开展前沿技术攻关，着力突破"卡脖子"技术问题。把促进优势特色产业延链、补链、强链作为主攻方向，统筹布局煤炭清洁利用、智慧电力、生物育种、现代化工等领域技术创新，推进信息化和人工智能与传统产业深度融合。围绕提升生态系统质量、生态保护与修复，重点实施生态环境科技创新研究，开展绿色低碳技术、PM2.5与臭氧协同控制与调控原理、大气污染物与温室气体排放协同控制和区域土壤、地下水多介质污染的形成机理及水气土污染的耦合机制研究，开展新污染物监测、环境风险评估与治理管控技术研究。开展生物多样性保护技术、重点流域水生态保护与修复、湖泊富营养化综合治理、草原森林生态保护与修复、荒漠化防治、矿区生态修复、矸石和煤田自燃控制技术、生态环境监测评估预警技术研究。开展危险废物环境风险防控、重金属污染减

排、农村牧区综合整治与面源污染防治技术研究。开展绿色循环低碳技术，企业低碳创新技术研发，水资源可持续利用与节水、固废资源综合利用技术研究。围绕基础前沿领域和关键核心技术，组织开展基础性、原创性和应用性研究。建立区域创新发展联合基金，推动大型科研仪器和科研基础设施开放共享。

（二）建设特色创新平台载体

高标准打造稀土新材料、乳业国家技术创新中心，在优势特色产业领域培育一批国家重点实验室，布局建设自治区重点实验室、工程研究中心、产业创新中心、技术创新中心，构建形成创新平台体系。高质量建设呼包鄂国家自主创新示范区、鄂尔多斯国家可持续发展议程创新示范区和巴彦淖尔国家农业高新技术产业示范区。重点实施国家级高新区"提质进位"行动，争取包头稀土、呼和浩特金山、鄂尔多斯三个国家级高新技术产业开发区在全国高新技术开发区排名位次显著晋升。开展自治区级高新区"促优培育"行动，推动赤峰、阿拉善、通辽高新区升级国家级高新区，打造若干创新资源集聚高地。高质量推进"科创中国"试点城市建设，大力实施科技创新赋能行动，促进科技经济深度融合。

（三）强化企业创新主体地位

提升企业技术创新能力，促进各类创新要素向企业集聚，推进产学研深度融合，鼓励企业牵头组建创新联合体、建设共性技术平台、承担重大科技项目，支持驻区央企在内蒙古设立研发中心。打造以科技型中小企业、高新技术企业、独角兽企业、瞪羚企业接续发展梯队，实施高新技术企业和科技型中小企业"双倍增"行动。发展专业化众创空间，推动产业链上中下游、大中小企业融通创新。

（四）完善科技创新体制机制

建立健全科技创新治理体系，完善科技任务组织实施机制，实行竞争立项、定向委托、"揭榜挂帅"等制度，推动重点领域项目、基地、人才、资金一体化配置。健全创新激励和保障机制，优化知识产权保护和服务体系，构建充分体现知识、技术等创新要素价值的收益分配机制，完善科研人员职务发明成果权益分享机制。加快科研院所改革，扩大科研自主权，健全以创新能力、质量、实效、贡献为导向的科技人才评价体系，营造鼓励创新、激励创新、包容创新的社会氛围。

（五）激发人才创新活力

深入落实人才强国战略，聚焦国家和自治区重大战略、重大工程项目和重点产业领域，衔接国家重大人才工程，健全人才培养、引进、使用、评价、流动和激励机制，强化用人单位主体责任，激发人才创新活力。

1. 构建多层次人才选拔培养体系

着力抓好高层次创新型领军人才、青年拔尖人才、高技能人才、各类急需紧缺人才队伍建设。实施人才工程计划，选拔推荐全国杰出专业技术人才、政府特殊津贴专家、国家百千万人才工程人选，组织评选自治区杰出人才奖、突出贡献专家、青年创新人才奖，选拔培养自治区"草原英才"工程、新世纪321人才工程、511人才培养工程人选。实施专业技术人才知识更新工程。加强基层专业技术人才队伍建设，引导人才向基层一线和艰苦地区流动。实施"百千万"高技能人才培养计划。

2. 加大创新创业人才引进力度

加快构建"一心多点"人才工作新格局。采取顾问指导、兼职服务、"候鸟式"聘任等方式，加大柔性引才引智力度。加快建设呼和浩特京蒙"人才社区"。创建北疆科创中心联合体。支持在京津冀、长三角、粤港澳等地区设立科研育成基地，探索推广"研发在北上广、转化在内蒙古"的引才模式，加快建设北京（赤峰）产业园科创总部。深化与知名高校合作，开展广纳英才智汇草原活动，吸引高层次人才来就业创业。

3. 健全人才公共服务体系

深化职称制度改革，实现职称制度和职业资格制度有效衔接。实施人力资源服务业发展行动计划，推进人力资源服务产业园建设，完善覆盖城乡的人才网、人才库。优化人才服务保障体系，在住房保障、子女入学、配偶就业、医疗卫生服务等方面提供便利。以企业用才为根本，建立人才需求目录，促进人才信息与产业信息畅通共享。大力弘扬新时代科学家精神，强化科研诚信体系建设。完善试错容错纠错机制，优化双创示范基地建设布局，健全创新创业创造激励政策，优化创新创业创造生态。

三、推进建立系统完备的生态文明制度体系

（一）完善法制建设

全面清理现行法律法规中与生态文明建设不相适应的内容，推进生态保护、污染防治、资源综合利用等方面法规和规章的立改废释，加强执法检查。

推进生态环境保护执法规范化建设。健全生态环境保护行政执法和刑事司法衔接机制，建立生态环境保护综合执法机关、公安机关、检察机关、审判机关信息共享、案情通报、案件移送制度。加强涉生态环境保护司法力量建设。开展生态环境保护领域民事、行政公益诉讼。依法严惩重罚生态环境违法犯罪行为。增强全社会生态环境保护法治意识。

（二）健全管理体制

党的十九大报告提出改革生态环境监管体制，加强对生态文明建设的总体设计和组织领导，设立国有自然资源资产管理和自然生态监管机构，统一行使全民所有自然资源资产所有者职责，统一行使所有国土空间用途管制和生态保护修复职责，统一行使监管城乡各类污染排放和行政执法职责。按照十九大提出的生态管理体制改革举措，明确各级党委、政府生态文明建设的责任，建立生态文明建设指导、协调和督促检查制度。

1. 加强部门（区域）联动

要以全面深化改革为契机，在全面深化改革委员会机制框架下，各级政府成立由相关部门组成的生态文明建设联席会议制度，建立信息资源共享、执法资源整合的部门联动机制。

2. 强化环保部门的职责和能力。

建立健全环评、排污许可、环境信息公开及举报制度；建立统一监管所有污染物排放的环境保护管理制度，独立进行环境监管和行政执法；强化基层环保机构能力建设，建立基层（乡镇）环保机构，在人财物等各方面加大财政投入。

3. 充分发挥企业科技创新的主体地位

各级政府要建立生态文明建设和绿色发展科技创新成果转化机制，形成一批成果转化平台、中介服务机构，加快成熟、适用技术的示范和推广。建立完善企业环境信用等级评价制度，推动社会信用体系建设。督促企业自觉履行责任，引导公众参与环境监督，加快建立完善环境保护"守信激励、失信惩戒"的机制。对企业的环境信用实行等级评价制度，其等级评定结果与企业信贷、融资直接挂钩。完善公众监督举报制度、听证制度、舆论监督制度，建立完善生态环境公益诉讼制度，发挥民间环保组织和志愿者的作用。

（三）完善运行机制

激发推进生态文明制度建设和绿色发展的动力，将生态建设所产生的生态产品和生态服务按照市场供求关系、资源稀缺程度、生态产品公平分配的原则进行配置、定价和交易，激励市场主体自觉参与生态文明建设和绿色发展。

1. 优化国土空间开发格局

严格按照主体功能区定位推动发展，实行差别化的财政、产业、投资、土地、农业、人口、环保政策，约束不符合主体功能区定位的开发行为。调整优化空间结构，用国土空间规划和管控红线把生产空间、生活空间、生态空间合理规制下来，严守生态保护红线、基本农田红线和城镇开发边界，促进生产空间集约高效、生活空间宜居适度、生态空间山清水秀，切实发挥好国土空间规划和主体功能区规划统领作用。探索建立气候资源合理开发利用和保护机制，建立完善资源环境承载能力监测预警机制，促进国土空间开发由占用土地的外延式扩张向调整优化空间结构的内涵式发展转变，合理控制开发强度，提高空间利用效率。

2. 完善自然资源资产产权制度

明晰产权可使产权主体理性使用自然资源，产权主体在利益驱动下，产生生态保护的意愿和绿色发展的行为。一是要明确界定自然资源资产的所有权，对于产权属国家或集体所有的自然资源，要明确所有权的代理主体，将产权主体具体化，解决产权主体虚置的问题。二是要明确界定自然资源的使用权，清晰界定使用权的界限，适度扩大商业经营性自然资源资产的使用权，包括其出让、转让、出租、抵押、担保、入股等多种权能的交易。三是明确自然资源的产权主客体，对自然资源资产的现有状况进行摸底排查，研究制定登记制度，最终实现对现有自然资源生态状况的确权登记。推动自然资源资产所有权与使用权分离，加快构建分类科学的自然资源资产产权体系。完善探矿权、采矿权与土地使用权衔接机制。建立统一权威的自然资源调查监测评价信息发布和共享机制。加快自然资源统一确权登记和生态系统价值核算工作。

3. 完善资源配置和资源性产品价格形成机制

一是健全市场配置矿产资源机制，规范矿产资源配置，强化资源配置监管，防止政府不当干预。坚持和完善按转化项目、环保要求和市场价格配置资源的制度，建立企业已配置资源但未履行相应责任义务的退出机制。加快完善公共资源交易平台建设，建立能源资源项目开发权市场化运作机制。完善公共资源出让收益合理共享机制。加快建立反映市场供求关系、资源稀缺程度、环境损害成本的资源和资源性产品价格形成机制。二是完善鼓励清洁能源生产、使用的价格机制，建立可再生能源保障性收购长效机制，提高清洁能源接纳能力。三是建立城乡统一的建设用地市场。完善农村土地产权制度，对城镇建设用地与农村集体建设用地和宅基地、增量建设用地与存量建设用地，实行统一规划、统筹管理，形成统一、开放、竞争、有序的建设用地市场体系。建立集体经营性建设用地入市交易规则，有序推进入市交易。四是健全环境治理和生态保护、绿色发展的市场体系。发展生态经济，推进生态资本可度量、可交易、可变现。进一步推行用能权和碳排放权交易制度，建立碳排放权交易市场监管体系。推行水权交易制度，促进地区间、行业间、用水户间水权交易。实行排污许可管理制度。落实排污许可"一证式"管理，构建以排污许可证为核心的固定污染源监管制度体系，推动排污许可制度与环境影响评价、污染物排放总量控制、生态环境统计、生态环境监测、生态环境执法等相关制度全联动。将排污许可执法检查纳入生态环境执法年度计划，推动监管、监测、执法有效联动、闭环管理，提高执法效能和依法行政水平。深化排污权交易改革，健全排污权交易相关制度，探索建立排污权交易二级市场，实现排污权交易从政府有偿出让向企业间直接交易转变，充分发挥市场在环境资源配置中的作用，提升企业排污权资源化，提高企业减排的积极性。推进跨行政区排污权交易。

4. 健全生态保护机制，落实生态保护补偿制度

推进重点领域生态补偿全覆盖。探索建立跨地区、跨流域、覆盖重点领域和重点区域的市场化多元化生态补偿机制。逐步增加对重点生态功能区转移支付，完善生态保护成效与资金分配挂钩的激励约束机制。探索将生态环境成本纳入经济运行成本。探索政府与社会资本合作开展生态补偿模式，鼓励有能力的第三方进入生态补偿交易市场。有序实现耕地、草原、森林、河湖休养生息制度，全面提升山水林田湖草等自然生态系统稳定性和生态服务功能；探索环境治理项目与经营开发项目组合开发模式，健全社会资本投资环境治理回报机制。

5. 完善考评奖惩机制，强化制度刚性约束导向

进一步摒弃以国内生产总值增长率论英雄的陈旧观念，把资源消耗、环境损害、生态效益、绿色发展等体现生态文明建设状况的指标更好地纳入经济社会发展评价体系和政绩评价体系。要进一步加快健全完善以改善生态环境质量为核心的目标责任体系和考核评价机制。要更加严格完善生态文明建设问责机制，有效落实生态环境保护"党政同责""一岗双责"，严格推行领导干部自然资源资产离任审计制度，对不顾生态环境盲目决策、造成严重后果的，做到有责必追、终身追责。一是科学确定干部政绩考核指标体系。根据不同区域、不同行业、不同层次的特点，建立完善各有侧重、各具特色的考核评价标准。按照主体功能区战略的要求，针对不同主体功能区，选择不同的考核指标，实行差别化评价；对党政领导班子，加大资源消耗、环境损害、生态效益等指标考核权重，加强节能减排、循环经济等方面的考核。长远看，要逐步建立以绿色

GDP 为导向的干部政绩考核制度。二是完善政绩考核方法。进行生态文明政绩考核，实行政府内部考核与公众评议、专家评价相结合的评估办法。三是将政绩考核结果与干部任免奖惩挂钩。按照奖优、治庸、罚劣的原则，把生态文明建设考核结果作为干部任免奖惩的重要依据。完善责任追究制度，保持生态文明建设的持久性。完善各级领导干部任期生态文明建设责任制、问责制及终身追究制，对造成生态环境严重破坏的要记录在案，实行严格的终身追究，不得转任重要职务或提拔使用。实行领导干部自然资源资产离任（任中）审计制度，推进离任（任中）审计常态化。完善生态环境损害责任终身追究制度。

6. 加强生态环境信息化建设，为制度实施提供科学依据

努力推进环境治理的信息化与现代化，加快推进各级各类生态环境信息数据库的标准化、规范化建设，加强生态环境大数据的监测管理，大力推进大数据在政府决策与政务服务等方面的应用创新，加快生态环境各类大数据的相关立法。不断完善生态环境数据开放共享机制环境，健全环保信用评价、信息披露、奖励惩戒等制度，提高政府环境决策和生态环境督察的科学性与准确性。

（四）构建政策支撑体系

1. 完善标准体系，强化生态环境监管能力

标准化是治理现代化的基石。要充分发挥标准化对绿色发展的基石性和规范性作用，将标准化广泛应用于生态文明领域，逐步构建生态文明标准体系，以生态文明理念加快推进生态文明标准化，以标准化推动生态文明建设的制度、体制和机制创新。规范生态文明建设制度标准，整合成科学的有机整体，形成合理、完整和协调一致的生态文明标准体系，以制度的标准化规范和引领生态文明建设。强化环境市场的准入标准，强化节约能源、节约水资源、节约土地的标准与生态文明建设目标能够做到相互衔接。

2. 健全财税、金融等政策，加大扶持力度

建立常态化、稳定的财政资金投入机制。大力推进绿色金融改革创新，不断开发绿色金融产品，探索对排污权、用能权、用水权、碳排放权进行质押融资，鼓励重大环保装备融资租赁。

支持绿色担保。推动环境污染责任保险制度，继续推动环境污染责任保险试点工作，做好保险服务与风险防控，形成化解企业环境风险的保障机制。在高环境风险领域和黄河流域等重点区域积极推行环境污染强制责任保险制度，分担企业经营风险，提升企业环境保护意识和环境风险管理水平。将生态环保

投入纳入各级财政预算基础上，保证其增幅高于同期经济增长速度；坚持谁破坏、谁补偿，落实和完善生态环境损害赔偿制度。坚持谁修复、谁受益，激励社会投资主体从事生态保护修复。发挥企业家作用，调动企业家参与生态文明建设和绿色发展的积极性。培育环境治理和生态保护绿色发展市场主体。鼓励通过政府购买服务方式实施环境绩效合同服务项目；建立生态环保绿色发展投融资平台，支持节能环保、循环经济、生态建设等；发展污染治理设施建设运行特许经营，持续推行环境污染第三方治理。

（五）深入开展试点示范和宣传教育

1. 示范带动

根据不同发展阶段、资源环境禀赋、主体功能定位等条件，选择一批地区、区域开展多层次的生态文明建设和绿色发展试点示范，及时总结，完善政策，树立典型，示范带动。

2. 宣传教育

传播生态文化理念，传承民族优秀生态文化，促进生态文化道德养成，做好宣传教育工作要从点到面、从意识到行动、从区域到企业全方位推进的思路。第一，加快形成生态文明主流价值观。把生态文明纳入国民教育体系，作为社会公德、职业道德、家庭美德，培育环境道德和价值观；将生态文化纳入公共文化服务体系建设；善用媒体，报道先进，曝光反面，树立理性、积极的舆论导向。第二，倡导生态文明行为，引导绿色新生活。制定并实施与生态文明和绿色发展相适应的可持续消费战略和行动计划，全方位开展绿色单位建设活动；完善政府采购，引导消费方式变革；规范绿色产品标准，畅通流通渠道，引导消费风尚；倡导全民简约适度、绿色低碳、文明健康的生活新方式。

四、构建绿色特色优势现代产业体系

（一）明确主攻方向

1. 推进能源和战略资源基地绿色低碳转型

根据水资源和生态环境承载力，发挥能源和战略资源的产业优势，有序有效开发能源资源，强化能源和战略资源基地建设。能源方面，要加快用高新技术和先进适用技术改造能源产业和企业，提高能源资源综合利用效率，做好现代能源经济这篇文章，建设国家现代能源经济示范区。立足于现有产业基础，加快形成多种能源协同互补、综合利用、集约高效的供能方式。推进风光等可再生能源大规模高比例开发利用，推进源网荷储一体化、风光火储一体化综合应用示范，发展规模化风光制氢，加快推动用能权交易和碳排放权交易。实施能源综合利用升级改造，加强煤炭分级分质利用，加强能源清洁低碳安全高效利用。同时，推进能源基础设施现代化，打造蒙西电网"四横五纵"、蒙东电网"八横两纵"主干网架结构。稀土产业方面，要加快稀土资源综合开发利用，高效绿色开发白云鄂博稀土资源，提高回采率、选矿回收率和综合利用率。加快建设国内一流的稀土产品检验检测中心，积极开展稀土资源地质勘探详查。推动稀土交易所升级为国家级交易所，加快国家级稀土创新中心建设，增强内蒙古自治区稀土产品国际影响力。

2. 促进农畜产品生产基地优质高效转型

深入推进农牧业供给侧结构性改革，积极发展资源节约型、环境友好型、生态保育型农牧业，增加优质绿色农畜产品供给，提高农牧业质量效益。立足各地水土等农牧业资源禀赋和比较优势，以水资源和环境承载力为刚性约束，推动内蒙古农畜产品加工业提质增效。推动农牧业生产向优势产区集中，构建优势区域布局和专业化生产格局，形成粮食安全产业带和优势农畜产品产业带。聚焦粮食生产功能区、重要农产品生产保护区和特色农畜产品优势区，实施优势特色产业集群提质升级计划。深入实施种业发展行动和现代种业提升工程，提高育种创新和良种繁育能力，促进"育、繁、推"一体化发展，构建现代种业体系，提升农牧业良种化水平。深入实施奶业振兴行动，在优势奶源区集中布局一批鲜奶加工项目，在重点奶牛养殖大县实施扩群增量，改造升级一批适度规模奶牛养殖场，建立高产优质饲草基地，鼓励种养一体化发展。完善农牧业服务体系，实施农牧业品质提升工程、基层农牧业科技服务行动，提升农牧业机械化水平，夯实农牧业发展服务保障基础。

3. 培育战略性新兴产业

立足产业资源、规模、配套优势和部分领域先发优势，实施战略性新兴产业培育工程，建立梯次产业发展体系，大力发展现代装备制造业、新材料、生物医药、节能环保、通用航空等产业，培育品牌产品和龙头企业，构建一批各具特色、优势互补、结构合理的战略性新兴产业增长引擎。以提升竞争力和产业集中度为导向，推动要素自由流动和高效集聚，壮大现代装备制造、新材料、医药、节能环保、通用航空等产业。开展先进制造业集群培育计划，加快推动装备制造技术信息化、智能化、网络化改造，提升装备制造业配套能力。保护性开发和利用石墨资源，做大石墨电极、碳纤维等碳基材料规模；推动多晶硅、单晶硅及配套延伸加工产业；延伸发展稀土铝特种合金等高附加值合金；拓展高品质蓝宝石晶体及切片材料的应用。完善通用航空短途运输营运体系，推动通用航空短途运输服务便捷化，逐步建立通用航空维修体系，加快配套发展精密加工、精密模具、航空专用装备和航材等航空关联制造业。

4. 改造提升传统产业

加快用高新技术和先进适用技术改造传统产业和传统企业，推动传统产业高端化、智能化、绿色化。立足能源资源优势，围绕碳达峰、碳中和等应对气候变化中长期目标，强化能耗"双控"，倒逼产业结构转型升级，着力发展新型化工、绿色冶金、绿色建材产业。新型化工方面，坚持绿色化、精细化、循环化导向，适度发展煤制油、煤制气、煤制甲醇等产业；严格控制电石、PVC新增产能，鼓励发展氯醋树脂、氯化聚氯乙烯等特种树脂产品；推动煤焦化工、氯碱化工、氟硅化工产业链延伸融合。绿色冶金方面，提升钢铁、有色金属技术装备水平，丰富终端产品种类；推动钢铁企业改造升级；布局一批铝后加工项目（铝制品后加工项目），推进高铝煤炭资源综合利用。绿色建材方面，严格控制水泥新增产能，开发推广适用于装配式建筑水泥基材料及制品；支持玻璃生产企业技术改造升级；发展以大宗业固体废弃物为原料的轻质、高强、耐久、自保温墙体材料，发展非烧结类墙体材料、绿色保温材料。

5. 培育服务业支柱产业

推进服务技术、理念、业态和模式创新，推动生产性服务业向专业化和价值链高端延伸，推动生活性服务业向高品质和多样化升级。生产性服务业方面，加快构建金融有效服务生态优先、绿色发展的体制机制，形成具有高度适应性、竞争力和普惠性的区域现代金融服务体系；按照创新融合、区域协同、集聚高效、智能绿色、韧性联动的原则，加快构建"通道＋枢纽＋网络"的现代物流运行体系，建立安全可靠的现代供应链体系，发展集约高效的现代物流服务体系，培育发展创新赋能的现代物流经济体系，健全保障有力的现代应急物流体系，打造内联外通的现代国际物流体系，培育分工协同的物流市场主体体系，夯实科学完备的现代物流基础体系；培育壮大科技服务主体，支持科技咨询、研发设计、技术转移、创业孵化、科技金融等科技服务机构发展；强化展馆设施建设，办好具有地方特色的常设性会展，做强内蒙古国际能源大会、内蒙古乳业博览会等品牌展会。生活性服务业方面，加快城市商业消费综合体布局建设，提升商业网点快递收发、便民充值、休闲餐饮等功能；深度开发群众从衣食住行到身心健康、从出生到终老各个阶段各个环节的生活性服务；坚持房子是用来住的、不是用来炒的定位，因城施策、分类指导，保持房地产市场平稳健康发展。此外，还要鼓励发展新业态新模式，引导制造业企业依托技术和专业化优势，培育发展研发设计、市场营销、电子商务、技术服务、品牌培育和售后专业服务等新业态新模式，推进先进制造业与现代服务业深度融合。全力推进旅游业高质量发展，实施重点景区品质提升行动和文化旅游数字化工程，组建自治区文旅投资集团，支持黄河"几"字弯、阿尔山、额济纳等优势区块率先发展，打造一批资源深度整合、文旅深度融合的新样板。

（二）明晰构建理路

1. 以空间协同为导向构建现代产业体系

（1）坚持规划先行，实化主体功能区定位 坚持共抓大保护、不搞大开发的总原则，优化国土空间布局，突出生态优先、绿色发展的导向，构建国土空间开发保护新格局，推进空间重构、产业重塑、环境重生。将不同层级的战略性区域视为一体化协同的关键空间，整体进行空间功能区的统筹划分，联合制定区域性的空间功能区规划，完善功能分区。采用上下结合的方式，以不同地区的资源环境承载能力和国土空间开发适宜性评价为基础，将全区国土空间划分为生态功能区、农畜产品主产区、城市化地区三大空间。生态功能区的主体功能是保护生态环境、提供生态产品；农畜产品主产区的主体功能是加强生态环境保护建设、推进绿色兴农兴牧、提供优质绿色农畜产品；城市化地区的主体功能是以保护基本农田和生态空间为前提、提供工业品和服务产品。围绕三大空间，明确三条"禁令"，禁止开展大规模高强度工业化城市化开发，禁止开发基本农田，严禁占用基本草原。

（2）坚持分区分类，推动差异化协调发展 东部盟市，放大和发挥绿色生态优势推动高质量发展，把保护好大草原、大森林、大河湖、大湿地作为主要任务，高质量建设农畜产品生产基地，以生态农牧业、生态旅游业为支柱构建绿色特色优势产业体系。以满洲里、二连浩特口岸为支撑发展泛口岸经济，严格控制新上能源资源型产业项目，积极培育消耗低、排放少、质量效益高的新兴产业，形成绿色化、开放型经济发展特色优势；中部盟市，扩大环境容量和生态空间、立足产业基础和产业集群优势推动高质量发展，提升产业层次和发展能级。以呼和浩特为龙头发展现代服务型经济，以包头、鄂尔多斯为重点建设能源和战略资源基地，以乌兰察布为支点打造物流枢纽和口岸腹地，依托创建国家自主创新示范区增强协同创新发展能力，构建高效分工、错位发展、有序竞争、相互融合的绿色特色优势现代产业体系，形成强劲活跃的增长带动极；西部盟市，补齐生态环境短板推动高质量发展，把加强黄河流域生态保护和荒漠化治理挺在前面，强化乌海及周边地区大气污染防治，严格生态极度脆弱区限制开发政策，加快乌海资源枯竭型城市转型，推进河套灌区现代化改造，增加绿色有机高端农畜产品供给，联合发展特色旅游业，共同培育接续替代产业，增强区域发展整体竞争力。

2. 以产业协同为主体构建现代产业体系

（1）推动产业生态化　坚持用现代化创新技术改造提升传统产业。一是推进能源和战略资源基地优化升级。根据水资源和生态环境承载力，发挥能源和战略资源的产业优势，有序有效开发能源资源，强化能源和战略资源基地建设。能源方面，要加快用高新技术和先进适用技术改造能源产业和企业，提高能源资源综合利用效率，做好现代能源经济这篇文章，建设国家现代能源经济示范区。立足于现有产业基础，加快形成多种能源协同互补、综合利用、集约高效的供能方式。实施能源综合利用升级改造，加强煤炭分级分质利用，加强能源清洁低碳安全高效利用。二是改造提升传统产业。化工、冶金、建材是内蒙古优势特色产业，也是内蒙古举足轻重的支柱产业，并且在全国市场中占有重要地位。要加快用高新技术和先进适用技术改造传统产业和传统企业，推动传统产业高端化、智能化、绿色化。立足能源资源优势，围绕"双碳"目标，强化能耗"双控"，倒逼产业结构转型升级，着力发展新型化工、绿色冶金、绿色建材产业；三是培育壮大战略性新兴产业。立足产业资源、规模、配套优势和部分领域先发优势，实施战略性新兴产业培育工程，建立梯次产业发展体系，大力发展现代装备制造业、新材料、生物医药、节能环保、通用航空等产业，培育品牌产品和龙头企业，构建一批各具特色、优势互补、结构合理的战略性新兴产业增长引擎。除此之外，在现有产业优势和基础上，积极拓展产业经济的新增长点、产业链条的新衔接点，延伸现有产业链与创新链，催生新产业、新业态和新模式。如，引导制造业企业依托技术和专业化优势，培育发展研发设计、市场营销、电子商务、技术服务、品牌培育和售后专业服务等新业态新模式，推进先进制造业与现代服务业深度融合，构筑高质量发展的新动能。

（2）推动生态产业化　全方位推动"生态资源→生态资产→生态产品→生态产业"的绿色转型升级过程，实现由生态资源向生态优势、由粗放集聚向生态集聚、由全域空间向生态空间的转变。一方面，需全面摸清和挖掘好当地生态资源本底，明确全域空间内各地区的生态资源禀赋、条件及特色，为生态资源转变成生态资产创造条件。另一方面，建立健全生态产品价值实现创新机制，不断挖掘生态产品市场价值，让生态资源实现生态资产、生态资本的价值增值，进而拓宽生态资源转变为生态产品乃至形成生态产业的渠道和方式，将生态优势转化为产业优势、经济优势，使绿水青山真正变成金山银山，实现生态与产业的互促互融。从内蒙古自治区实际出发，一是重点促进农畜产品生产基地优质高效转型。即立足各地水土等农牧业资源禀赋和比较优势，以水资源和环境承载力为刚性约束，推动内蒙古农畜产品加工业提质增效。推动农牧业生产向优势产区集中，构建优势区域布局和专业化生产格局，形成粮食安全产业带和优势农畜产品产业带。聚焦粮食生产功能区、重要农产品生产保护区和特色农畜产品优势区，实施优势特色产业集群提质升级计划。如大力推进初加工、精深加工、综合利用、主食加工、新业态新模式、技术装备、龙头企业、品牌战略、加工园区和主产区加工业等重点领域加快发展，提高产业集中度；按照"扶优、扶大、扶强"的原则，引导和支持龙头企业加快资源整合、资产组合，通过兼并、重组、收购、控股等方式组建大型企业集团，使之成为行业的排头兵，带动绿色农畜产品加工业集约集聚集群发展，从而培育和壮大龙头企业；在做大做强特色产业方面重点做大做强肉类、粮油、马铃薯、饲草饲料等特色产业，通过加大品牌建设力度，加快培育一批特色突出、类型多样、核心竞争力强、影响范围广的农畜产品加工品牌，带动农畜产品加工产业链、价值链、供给链全面提升，千方百计将生态农业资源优势变成产品优势、经济优势和竞争优势。二是大力发展生态旅游。借助大草原、大森林、大湖泊、大沙漠、冰雪、温泉及各具特色的地形地貌、民族风俗、人文历史等丰富的生态、人文、旅游资源，坚持生态化、人本化、国际化的发展原则，有效整合各种旅游要素和资源，促进产业深度融合和全社会共同参与，发展全域旅游，推动旅游业由观光为主向观光、休闲、度假、体验并重转变，实现旅游业提档升级、高质高效，真正成为拉动经济增长的新引擎。

(3) 推动产业融合化 产业生态化、生态产业化两者之间也存在着重要关联，具有相互促进的作用，甚至具有相互融合的可能。在充分发挥"生态产业化和产业生态化"互促效应的基础上，对绿色特色优势现代产业体系进行业态划分，确定不同地域空间的产业发展重点，在不同地域、不同空间因地制宜地建立适合当地发展的重点产业。根据当地特色和优势细分产业领域及重点内容，形成空间差异化、特色化的错位发展格局，促进现代生态产业内部及产业之间的协同合作与交织融合，助推提升产业基础高端化、产业链供应链现代化水平。同时，应基于交通基础设施及通道建设和可达性的提升，推进产业在空间载体上的跨界分工与协作，实现共建、共享和共赢。

3. 以要素协同为手段构建现代产业体系

(1) 发挥科技创新的核心驱动作用 党的十九大报告鲜明地指出，创新是引领发展的第一动力，是发展的主引擎，也是建设现代化经济体系的战略支撑。因此，深入实施创新驱动发展战略，把创新摆在核心位置，把增强技术实力作为构建现代经济体系的战略支点，加快完善以企业为主体、市场为导向、产学研相结合的技术创新体系，营造有利于激励创新的制度环境，推动包括科技创新、模式创新、企业创新、市场创新、产品创新、业态创新、管理创新等在内的全面创新，走创新驱动的产业发展道路才能为构建绿色特色优势现代产业体系以强有力支撑。一是，推动构建内蒙古"产学研推用"有机融合的科技创新体系，协同开展全区重大共性关键绿色技术研发。建设一批绿色特色优势产业技术集成基地，建立具有中试能力的工程化研究平台及产业化应用平台。二是，要以推进精深加工、延长产业链为核心目标，建设一批国家和自治区级工程技术研发中心、重点实验室和产业化试验基地，加强对绿色新技术、新工艺、新装备的研究，提升内蒙古自治区企业的自主创新能力和综合效益，不断提高内蒙古自治区绿色特色优势产业的科技水平。三是，鼓励龙头企业加大研发投入，加强产学研合作，尤其注重与自治区各高校和科研院所合作，着力开发一批能够充分利用内蒙古自治区优势资源、高附加值的精深加工绿色特色优势产品。

（2）发挥现代金融的血脉助力作用　增强金融服务实体经济能力。一方面，加快构建金融有效服务生态优先、绿色发展的体制机制，形成具有高度适应性、竞争力和普惠性的区域现代金融服务体系。如大力发展绿色金融，充分利用绿色信贷、绿色债券、绿色基金、绿色保险、绿色股权等在内的绿色金融工具，引导金融资本重点流向绿色特色优势产业项目，创新金融产品支持企业发展，建立绿色金融产品供给和绿色特色优势产业市场需求的精准对接机制，助力实现产业发展目标。另一方面，应鼓励金融机构重点支持企业和科研机构进行高端化、智能化、绿色化的科技创新探索，带动绿色特色优势现代产业的转型发展。此外，还应建立直接融资和间接融资相结合的方式，多样化创新企业融资渠道，形成多层次资本市场助力绿色特色优势现代产业体系的构建与完善。

（3）发挥人力资源的基础支撑作用　人力资源，特别是专业技术人才对于现代产业的发展具有重要的基础性支撑作用。拥有高端创新人才，也就意味着拥有更多创新的机会和可能。鉴于此，首先，各级政府应大力实施各类人才引进及培育计划，重视创新型人才的接续培育，持续补足地区"人才缺口较大、人才质量不高"的短板；其次，应持续加大在创新研发方面的投入力度，特别是强化领军人才、核心人才和关键人才的支持力度，为企业研发、产业创新营造优质的"人才"环境和氛围，培育形成良好的产业创新人才生态；再次，健全科技创新激励机制，鼓励科研人员在科研单位和企业之间双向流动，完善知识产权入股、分红等激励机制。推进科研成果使用、处置、收益管理和科技人员股权激励，激发科技人员创新创业的积极性。

（三）提升保障能力

1. 政策扶持

（1）加强政府规划和政策引导　首先，制定绿色特色优势现代产业专项发展规划。政府的政策应该分类指导现代产业体系的建设，既要对传统产业升级改造，也要发展新兴产业。政府的政策应该聚焦于产业与新技术的融合发展，推进改革，同时增强对新兴产业的分类扶持力度。产业要发展，规划需先行，针对内蒙古绿色特色优势现代产业发展的顶层设计还不到位，甚至一些方面还存在着底数不清、中长期规划目标尚不明确的状况，各级政府和有关部门应积极组织调研，找准突破口，以加快推进产业结构调整、转变经济发展方式为目标，整体设计绿色特色优势现代产业的中长期发展规划。尤其要根据国家产业发展的新要求和经济形势的新需要，研究制定适合各地特色的绿色特色优势现代产业发展规划，对近期、中期、远期发展方向、发展目标、重点领域、指标体系等做出部署，使之既能体现国家整体战略，又能展现区域产业特点，而且具有前瞻性、系统性和可行性。其次，编制内蒙古绿色特色优势现代产业引导目录。由于内蒙古 12 个盟市的发展程度各异，存在问题不同，适宜产业不同，各盟市的发展应该有其特殊性。所以，政策制定应该要有分类性和分时期性，进行分类指导。编制内蒙古绿色特色优势现代产业引导目录，可以明确内蒙古绿色特色优势现代产业规划、投资引导和扶持发展的重点领域，能够进一步确立生态优先、绿色发展的鲜明导向，进一步发出调整产业结构、推动产业升级的强大信号，展示内蒙古发展绿色经济、建设生态文明的有力行动，必将积极引导社会资源投向，有力指导各地各部门据此开展绿色特色优势现代产业的培育发展工作。编制绿色特色优势现代产业发展引导目录应该重点筛选国家鼓励类的产业，同时也要基于内蒙古资源禀赋、生态条件、产业基础和发展优势，符合内蒙古生态文明建设的产业。绿色特色优势现代产业发展引导目录将作为内蒙古各地、各部门、各单位推动绿色发展和建设生态文明的重要依据和参考。对于绿色特色优势现代产业发展引导目录中产业的项目，应该优先予以审批、核准和备案，其中对于符合国家产业投向要求的项目，要优先推荐申报国家专项建设基金、预算内资金。通过目录对产业发展的引导，加快推动绿色发展，着力构建具有内蒙古独特区域特征的绿色特色优势现代产业体系，加快推进内蒙古产业结构调整，促进转型升级。再次，营造良好的营商环境。现代产业体系的建设需要开放的发展环境和良好的营商环境作为保障，政府应该制定相应的政策法规，推进"放管服"结合，加强培育服务，深入推进市场主体倍增工程，为自治区级以上开发区配套建设中小企业园区、开展营商环境评价、持续深入推进垄断和国企单位改革，对于重点领域的管理限制要进行适当的宽松政策。另外，政府应当健全产业的"走出去"发展措施，把握当前"一带一路"方针，加强与国际企业的交流合作，融入全球产业分工体系，提升本土企业竞争力。

（2）加大资金政策扶持力度　　首先，完善财税优惠政策。落实并完善鼓励绿色特色优势现代产业发展的税收政策。研究制定生态产品生产、加工、制造类企业所得税优惠目录，研究制定对生态治理修复的土地给予增加用地指标或合理置换等优惠政策。减少和取消针对"两高一资"行业产品出口税收优惠政策，严格控制高耗能、高污染和资源性产品的出口规模。改善和提升财税支持效率，通过税收减免等方式，支持高附加值、低能耗、低污染产品生产、技术工艺和装备研发及产业化。推进电力、钢铁、有色、石化、建材等重点耗能产业之间的循环式组合，实现资源、能源梯级利用和循环使用。其次，建立推进绿色特色优势现代产业发展专项资金。探索利用中央财政、地方财政、社会资金等多渠道资金合作模式，支持高耗能、高污染企业实施转型转产、结构调整等。扩大自治区绿色特色优势产业发展专项资金规模，盟市、旗县（市、区）也要建立绿色特色优势现代产业化发展专项资金，并随政府收入的增长逐年增加。再次，加大绿色金融扶持力度。一是，鼓励企业和个人依法依规开展水权和林权等使用权抵押，产品订单抵押等绿色信贷业务，探索"生态资产权益抵押＋项目贷"模式，支持区域内生态环境提升及绿色特色优势现代产业发展。对企业环保搬迁、兼并重组、淘汰落后等置换的土地，探索利用相关土地开发收益优先用于支持企业转型发展。二是，鼓励政府融资担保机构为符合条件的经营开发主体提供融资担保服务。加大对经营开发主体中长期贷款支持力度，合理降低融资成本，提升金融服务质效。对用以提升产品质量和规模的绿色金融，给予无息或低息贷款。争取设立自治区绿色产业化担保公司，为龙头企业提供融资担保服务。支持符合条件的龙头企业设立小额贷款和担保公司，开展对农牧民、商户、中小企业的金融服务。三是，要开辟绿色金融新领域，探索绿色特色优势现代产业产品资产证券化路径和模式。加快构建资源的"调查—评估—管控—流转—储备—策划—提升—开发—监管"的全过程工作机制，从而加快资产证券化产品落地。研究发行生态地方债券，引导生态农林牧渔业、生态旅游等绿色特色优势现代产业中行业周期较长、可形成稳定现金流的企业依托政府担保发行债券。支持龙头企业上市融资，建议自治区建立绿色特色优势现代产业基金公司，对成长型的龙头企业进行直接投资。

2. 制度保障

（1）深化市场准入制度改革　　首先，深化市场准入制度改革，实施负面清单管理模式，推动政府管理由注重事前审批向事中、事后监管转变。其次，要在促进公平竞争上下功夫，健全知识产权创造、运用、管理、保护机制，严厉惩处市场垄断和不正当竞争行为，依法打击侵权行为，强化绿色特色优势现代产业政策的竞争激励功能。对处于起步阶段的新兴绿色特色优势产业，要注重整合资源，更好发挥产业投资引导基金作用，发挥产业政策导向和促进竞争功能。此外，要从质量监测、绿色标准体系建设、信息管理、监管体系等方面综合施策，促进企业提高产品质量。综合考虑资源能源、环境容量、市场空间等因素，调整优化重大生产力布局，促进内蒙古绿色产业集聚集群发展。主要从以下两个方面着手：一是，加快绿色特色优势现代产业相关标准体系建设。结合当前和未来内蒙古绿色特色优势现代产业发展要求，相关部门应进一步研究和修订完善各行业的技能环保指标体系，并逐步构建适应形势变化的动态调整机制。积极开展绿色特色优势现代产业标准的研究和制定工作，建立和完善内蒙古产业标准体系。二是，严格执行节能环保法律法规。加强环保准入管理，严格控制区域主要污染物排放总量，加强完善区域限批措施。完善工业能源和环保监测、统计体系，建立健全工业装备健康能效监测和评估体系，对环境质量超标地区及污染物排放超标企业及时限产、停产。

（2）完善资源配置和资源性产品价格形成机制　一是，健全市场配置矿产资源机制。规范矿产资源配置，强化资源配置监管，建立企业已配置资源但未履行相应责任义务的退出机制。加快公共资源交易平台建设，建立能源资源项目开发权市场化运作机制，完善公共资源出让收益合理共享机制。加快建立反映市场供求关系、资源稀缺程度、环境损害成本的资源和资源性产品价格形成机制。二是，完善鼓励清洁能源生产、使用的价格机制，建立可再生能源保障性收购长效机制，提高清洁能源接纳能力。三是，建立城乡统一的建设用地市场。完善农村牧区土地产权制度，对城镇建设用地与农村牧区集体建设用地和宅基地、增量建设用地与存量建设用地，实行统一规划、统筹管理，形成统一、开放、竞争、有序的建设用地市场体系。建立集体经营性建设用地入市交易规则，有序推进入市交易。完善生态环境服务市场化价格形成机制。

3. 基础设施支撑

基础设施建设对内蒙古的产业空间布局影响显著，现代产业体系的建立依托于完善的基础设施。一方面，要形成铁路、陆路、水路和航空相结合的高度发达的立体交通网。另一方面，电力、能源、邮电设施和完备的城市公共服务系统必不可少。此外，应大力推进以互联网、大数据、5G等为基础的新型基础设施建设，建设信息网络基础设施，发展新技术基础设施。基础设施的建设不仅可以增强城市功能，还能吸引资本、人才、技术等，促进现代产业体系发展。政府一方面要积极寻求中央的财政支持和优惠政策，另一方面，要走市场化、多元化发展道路，充分利用市场配置资源的功能，吸纳资金，促进基础设施的快速有效发展。

五、建立生态产品价值实现机制

（一）构建生态产品监测评价机制

生态产品按其属性大致分为物质类生态产品、文化服务类生态产品和调节服务类生态产品。核算生态系统生产总值，就是分析与评价生态系统为人类生存与福祉提供的最终产品与服务的经济价值。不同生态产品其价值实现方式也各不相同。通常情况下，对于物质类生态产品，多采用品牌化方式实现价值；对于文化服务类生态产品，主要通过生态产业化经营开发实现价值；对于调节服务类生态产品，多采用生态补偿方式实现价值。根据《生态系统生产总值（GEP）核算技术规范　陆域生态系统》（DB33/T 2274—2020）要求，陆域生态系统生产总值（GEP）核算分功能量和价值量两步骤核算。功能量的核算：首先，确定范围，明确生态系统分布，编制生态产品清单，再根据生态环境监测、水文监测和气象监测，以及统计数据，最终核算出各类生态产品的功能量；价值量的核算：运用一定的核算方法，如市场价值法、替代成本法、旅行费用法等方法，根据不同类型生态产品功能量定价表，核算出各类生态产品的价值量。最后，汇总核算得到生态系统生产总值。因此，生态产品监测评价机制的构建就是按照生态产品功能量和价值量的核算确定步骤从四个方面来实现。

1. 建立生态产品目录清单

（1）开展生态产品信息普查　基于现有自然资源和生态环境调查监测体系，在广泛收集遥感和 GIS 数据、气象数据、社会经济统计数据以及文献资料数据基础上，利用网格化监测手段，开展生态产品基础信息调查，摸清各类生态产品数量、质量等底数，准确掌握生态产品基础数据信息，形成生态产品目录清单。

（2）建立生态产品资源数据库　逐步建立完善的、科学的生态产品动态监测数据平台，及时跟踪掌握生态产品数量分布、质量等级、功能特点。同时做好自然资源确权登记，建立自治区资源信息一体化管理系统。重点是依托自然资源统一确权登记明确生态产品权责归属，清晰界定自然资源资产产权主体，划清所有权和使用权边界。丰富自然资源资产使用权类型，合理界定出让、转让、出租、抵押、入股等权责归属以及生态保护、开发利用情况等信息，建立开放共享的生态产品信息云平台，方便相关部门和公众更加便捷地获取生态产品信息。

2. 建立生态产品价值核算体系

内蒙古生态资源富集，各类型生态产品蕴含丰富，但很多生态产品的潜在价值并没有得到充分体现。只有通过科学的核算方法，分门别类、有的放矢地价值评估，深入挖掘生态产品的潜在价值，才能实现生态产品价值的完整性。因此，在摸清区域生态家底及其变动情况的基础上，编制自然资源资产负债表，对各类型生态产品和服务采取不同的测算方式进行科学合理的价值评估，才能为生态产品的价值实现提供重要依据。

（1）明确生态产品核算内容　生态系统生产总值是生态系统产品价值、调节服务价值和文化服务价值的总和。内蒙古自治区生态系统生产总值核算指标体系由产品提供、调节功能、文化功能3大类17项功能指标构成，其中产品提供包括7项，调节功能包括9项，文化功能包括1项（表6-1）。

表6-1　内蒙古自治区生态系统生产总值（GEP）核算指标体系

功能类别	核算科目		功能量指标	价值量指标
产品提供	农业产品	粮食作物（谷物、豆类、薯类）	粮食作物产量	粮食作物产值
		油料	油料产量	油料产值
		豆类	豆类产量	豆类产值
		糖料	糖料产量	糖料产值
		蔬菜	蔬菜产量	蔬菜产值
		瓜果类	瓜果产量	瓜果产值
		水果	水果产量	水果产值
	林业产品	木材	木材产量	木材产值
		林下产品	林下产品产量	林下产品产值
	畜牧业产品	畜禽出栏数	畜禽出栏数	畜禽产值
		奶类	奶类产量	奶类产值
		禽蛋	禽蛋产量	禽蛋产值
		动物皮毛	羊毛产量	羊毛产值
		其他畜产品	其他畜产品产量	其他畜产品产值
	渔业产品	淡水产品	淡水产品产量	淡水产品产值
	水资源	水资源	用水量	用水产值
	生态能源	水能、生物质燃料	生态能源量	生态能源产值
	其他	装饰观赏资源等	装饰观赏资源产量	装饰观赏资源产值

（续）

功能类别	核算科目	功能量指标	价值量指标
调节功能	水源涵养	水源涵养量	蓄水保水价值
	土壤保持	土壤保持量	减少泥沙淤积价值
			减少面源污染价值
	洪水调蓄	湖泊：可调蓄水量	调蓄洪水价值
		水库：可调蓄水量	
		沼泽：可调蓄水量	
	防风固沙	固沙量	减少土地沙化价值
	固碳释氧	固碳量	固碳价值
		释氧量	释氧价值
	空气净化	吸收二氧化硫量	净化二氧化硫价值
		吸收氮氧化物量	净化氮氧化物价值
		减少工业粉尘量	净化工业粉尘价值
	水质净化	减少COD排放量	COD治理价值
		减少总氮排放量	总氮治理价值
		减少总磷排放量	总磷治理价值
	气候调节	森林蒸腾消耗能量	降温增湿价值
		灌丛蒸腾消耗能量	降温增湿价值
		草地蒸腾消耗能量	降温增湿价值
		水面蒸发消耗能量	降温增湿价值
	生物多样性	各类生态系统净初级生产力	生物多样性价值
文化功能	自然景观	自然景观游客总人数	景观游憩价值

（2）完善生态产品价值核算标准体系建设　内蒙古相比全国大部分省份，拥有得天独厚的生态标准制定优势，绿色资源富集、生态系统完备、生态服务功能强大，加之拥有较完备的工业体系、农牧业体系，拥有一定基础的科研攻关能力，在生态产品标准制定上，应当走在全国前列。如内蒙古依据丰富的草原、森林资源，可以探索制定草原、森林GEP核算标准，开展草原、森林带GEP核算试点，清晰界定草原、森林带核算范围，构建草原、森林带特色核算指标体系。探索制定项目层级生态产品价值核算标准，明确关键GEP核算指标遴选准则，建立项目尺度生态环境影响评估方法。探索完善基于生态系统重要性的GEP价值量评估标准。

3. 建立完善的生态产品价值评价机制

通过摸清生态家底，可以掌握科学、准确的基础数据信息，但其价值"口说无凭"，必须有一套生态产品价值评价标准，作为生态产品经营开发、生态保护补偿、政府考核等的依据。在全区范围内针对生态产品价值实现的不同路径，探索构建行政区域单元生态产品总值和特定地域单元生态产品价值评价体系。考虑不同类型生态系统功能属性、生态产品数量和质量，建立反映生态产品保护和开发成本的价值核算和评价方法。探索制定全区统一的核算评价指标体系、技术规范和操作流程，出台内蒙古自治区级核算评价技术标准，建立生态产品总值（GEP）统计报表制度，将生态产品价值核算基础数据纳入国民经济核算体系，定期依法依规向社会公开发布。通过生态产品价值评价机制能够为科学评价内蒙古自治区生态资源资产现状，分析生态产品价值时空分布特征，刻画生态产品供需空间格局，拓展生态产品价值实现路径，细化国土空间规划和用途管控，加快生态资源资产产权制度改革提供辅助决策支撑，同时也能为推动价值评价结果的应用做出制度安排。

根据国际上通用的评价生态价值的方法，依据生态系统与自然资本的市场发育程度，可将价值评价方法大致分为三类：

第一类，实际市场法。此方法应用于具有实际市场的生态系统产品和服务，以市场价格作为生态系统服务的经济价值。此评价方法主要包括市场价值法和费用支出法。

第二类，替代市场法。此种方法用于没有直接市场交易与市场价格但具有这些服务的替代品的市场与价格的生态服务，以"影子价格"和消费者剩余来表达生态系统服务功能的价格和经济价值，间接估算生态系统服务的价值。评估方法包括替代成本法、机会成本法、恢复和防护费用法、影子工程法、旅行费用法、享乐价格法和人力资本法等。

第三类，模拟市场法。对没有市场交易和实际市场价格的生态系统产品和服务，只有人为地构造假想市场来衡量生态系统服务的价值，其代表性方法为条件价值法，通过假想市场情况下直接询问人们对某种生态系统服务的支付意愿，以人们的支付意愿来估计生态系统服务的经济价值。不同评价方法具体特点见表 6-2。

表 6-2　生态系统生产总值主要评价方法

类型	具体评价方法	方法特点
实际市场法	市场价值法	适用于有实际市场价格的生态系统服务的价值评估
替代市场法	机会成本法	以保护某种生态系统服务的最大机会成本（放弃的替代用途的最大收益）估算该种生态系统服务的价值

（续）

类型	具体评价方法	方法特点
替代市场法	影子工程法	以人工建造一个替代生态工程的投资费用来估算某项生态系统服务的经济价值
	替代成本法	通过找到替代品的花费而代替某些生态服务的经济价值
	恢复和防护费用法	为防止环境质量下降、生态服务减少，以恢复或保护生态系统不被破坏所需要的费用。常以假设被破坏后的损失和恢复成原样的费用来估计原生态服务的最低经济价值
	人力资本法	通过市场价格和工资来确定人类对社会的潜在贡献，并以此来估算环境变化对人体健康影响的损失
	享乐价格法	人们购买的商品中包含某种生态环境价值属性，通过人们为此支付的价格来推断其价值，主要应用于房地产领域
	生态价值法	将S生长曲线与社会发展水平以及人们生活水平相结合，根据人们对某种生态功能的实际社会支付来估算生态服务价值
	旅行费用法	用于评价生态系统的游憩休闲价值，以人们的旅行费用作为替代物来衡量旅游景点和其他娱乐物品的价值
模拟市场法	条件价值法	用于评价所属权不明确、没有市场的公共服务或物品，以此反映人们的态度、观念和偏好，是人的主观意识对客观事物的认识，也是对未来行为的预测。以直接调查得到的消费者支付意愿（WTP）来进行价值计量

4. 推动生态产品价值核算成果多元应用

（1）推动核算成果进规划　加强 GEP 核算结果分析，精准把握 GEP 结果特征和变化规律，推动其与国民经济和社会发展五年规划纲要及相关专项规划编制工作深度融合，出台促进高质量绿色发展的战略举措与路径。

（2）推动核算成果进政策　推动核算成果在绿色发展财政奖补、国土空间管控、环境治理绩效评估等领域广泛应用，优化完善绿色发展财政奖补额度与GEP 挂钩机制，制定基于核算成果的重大生态保护修复工程建设效益评价工作制度。

（3）推动核算成果进项目　进一步完善与核算成果挂钩的市场化、多元化生态补偿，创新建立生态产品市场交易机制及配套支撑体系。如探索开展项目级的生态产品市场化交易；加快推进内蒙古自治区水权交易、碳汇交易试点工作。

（二）构建物质生态产品价值实现机制

1. 健全农畜产品价值实现机制

（1）建立农畜产品清洁生产机制　一是持续创建国家农产品质量安全县、国家级食品农产品质量安全示范区等，落实责任，加大投入，创新机制，大力推进标准化生产和执法监管，加强农业标准化生产，切实保障区域农畜产品质量安全和消费安全，为全国农畜产品质量安全监管工作提供样板。二是持续实施化肥、农药使用量负增长行动，在化肥、农药使用量实现零增长的基础上，持续降低化肥、农药使用量，不断降低农业面源污染。

（2）完善草地畜牧业生产经营机制　一是探索适度规模经营。培育草地畜牧业经营合作组织、联户、大户等经营主体，逐步减少小而散的单个家庭经营主体，使草地畜牧业更好地对接区域化的大市场，引进现代化经营方式、管理模式，不仅真正实现草畜平衡，也要实现草地畜牧业绿色产品优质优价。二是逐步推进草牧场流转。针对牧区人口老龄化等问题，贯彻落实草地所有权、承包权、经营权"三权分离"，鼓励牧户租赁、入股等方式流转草牧场，探索适宜牧区生产发展的"股份制""联户制""代牧制"等生态畜牧业建设模式，使草牧场适度集中在新型经营主体，使草牧场得到充分合理利用。

（3）健全品牌培育和保护机制　一是深入实施农牧业品牌提升行动，持续打造锡林郭勒羊、呼伦贝尔草原羊、昭乌达羊、科尔沁牛、乌兰察布马铃薯、兴安大米等30个以上全国知名区域公用品牌，将各类生态产品纳入品牌范围。建设伊利现代智慧健康谷、蒙牛中国乳业产业园，打造世界级企业和国际乳业品牌。二是实施农牧业品牌提升工程。围绕特色粮食作物、经济作物、特色畜产品、林业特色产品等，建设特色鲜明、优势聚集、市场竞争力强的自治区特色农畜产品优势区。以地理标志农产品为基础，通过挖掘和培育地理标志农产品资源，建设地理标志农产品保护基地，做精做强地理标志农产品区域公用品牌。

2. 完善自然资源生态产品价值实现机制

（1）创新重点流域水权交易机制　为使水资源的使用向高效率高效益转变，寻找解决区域经济增长与水资源供需矛盾突出的新途径，内蒙古自治区创新重点流域水权交易机制。水权转换工程主要包括盟市间水权转换、盟市内部行业间水权转换。当前盟市内部大都进行了水权转换。2003年，内蒙古率先在鄂尔多斯市启动黄河流域盟市间水权转换试点工作。通过节水改造从原39.86亿立方米农田灌溉用水量中节约转换出3.0亿立方米，分配给沿黄缺水地区。目前河套灌区水权转换一期1.2亿立方米已完成，2025年之前完成二期1.2亿立方米和三期0.6亿立方米，2035年在2025年的基础上继续通过节水改造进行水权转换工程。按照沿黄地区国民经济发展布局和实际缺水状况，优化水量配置，按照空间均衡原则，进行水量配置工程建设，可切实缓解和解决沿黄地区缺水问题。在水资源优化配置过程中，还可以在行业内、行业间开展水源置换，实施水源置换有利于转变用水方式，逐步优化用水格局，有效解决水资源供需矛盾，实现水资源可持续利用。除此之外，与相邻沿黄省份共同探索开展黄河水权跨省区交易试点，形成更加科学有效的黄河上下游水资源分配机制。

（2）健全土地权交易机制 土地是主要的自然资源，也是人类重要的生产资源。土地很少直接成为生态产品，但是土地上生产或产生了很多生态产品，土地可作为间接的生态产品，产生其价值。内蒙古荒山荒地、荒漠化土地较多。据第五次全国荒漠化和沙化土地监测情况，内蒙古荒漠化土地面积 60.93万平方千米，占全国荒漠化土地面积的 23.3%，占其自身国土面积的 53.5%；沙化土地面积 40.80 万平方千米，占全国沙化面积的 23.7%，占其自身国土面积的 35.6%。内蒙古完善荒山荒地开发利用机制，鼓励发展沙产业、经济林等，实现荒山荒地生态产品价值。同时发挥内蒙古自治区公共资源交易网等平台作用，通过城乡建设用地增减挂钩节余指标、补充耕地指标等挂牌出让，实现土地生态产品价值。

（3）建立野生植物资源开发利用机制 一是健全野生植物资源普查登记机制，定期开展野生林草苔藓等植物进行普查，及时掌握野生植物资源种群变化。二是建立野生植物资源价值评价体系，确认每一种野生植物资源用途，挖掘潜在的开发利用价值。三是健全野生植物资源保护管理机制，进一步完善野生植物资源保护、采集、收购、管理等相关制度，避免野生植物资源的人为破坏。四是建立科学开发利用野生植物资源的激励机制，支持科研机构、生产单位广泛开展野生植物资源开发利用研究和实践。

（三）构建调节服务产品价值实现机制

生态产品既可来自原始的生态系统，也可来自经过投入人类劳动和相应的社会物质资源后恢复了服务功能的生态系统。

1. 以碳汇交易实现主要生态系统调节服务产品价值

碳汇是指从大气中清除二氧化碳及其他温室气体的过程、活动或机制。碳汇交易机制是实现生态系统调节大气价值的重要途径。内蒙古森林面积 4 亿亩，居全国第一位，森林覆盖率达到 23%，森林植被总碳储量 8.9 亿吨；草原面积 13.2 亿亩，居全国第一位，草原综合植被盖度达到 45%；湿地 9 016 万亩，居全国第三位；泥炭沼泽总面积 751.05 万亩，总碳库 2.64 亿吨，碳汇能力和潜力巨大。内蒙古大兴安岭重点国有林区在国有林管理局中较早开展了林业碳汇试点和相关研究。目前内蒙古碳汇交易只在林业领域进行，草原等领域还没有先例。内蒙古不仅有大森林，也有大草原、大湖泊、大湿地，碳汇规模都很大。内蒙古通过全国碳市场抵消机制，健全碳汇交易机制，促进增加林业、草原等碳汇，可助力实现主要生态系统调节服务产品价值。

2. 以生态保护补偿实现生态系统调节服务产品价值

目前，内蒙古自治区生态补偿制度包括森林生态效益补偿基金制度、草原生态补偿制度、湿地生态补偿制度、重点生态功能区转移支付制度等，对保护与改善区域生态环境质量，提升生态服务供给能力，具有显著效果。然而，政府生态补偿经费有限，应扩宽生态补偿渠道，争取更多生态补偿资金。

纵向上，完善与生态环境保护成效相关的财政转移支付制度。将 GEP 核算结果等因素纳入生态补偿考核内容，强化生态补偿资金管理。允许各地方在合法合规的前提下，统筹中央对地方纵向生态环境领域转移支付资金；同时，根据各地区 GEP 不同，根据考核结果对区域进行差异化补偿。

横向上，按照自愿协商的原则，综合考虑生态产品价值核算结果、生态产品实物量及质量等因素，开展区域间横向生态保护补偿。未来，内蒙古自治区可以在对生态服务区域效应分析基础上，建立生态服务受益区对供给区的横向生态补偿制度。例如，针对防风固沙服务，可以在确定受益区以及获得效益相对大小基础上，确定区域间横向生态补偿资金额度；针对水供给服务，可以对水供给服务供给与需求空间动态平衡分析基础上，确定不同流域对水资源消费区贡献大小，以此确定消费区对供给区生态补偿资金额度；针对畜产品生产服务，可以通过限制畜产品产量，同时在产品价格中增加生态保护费用，让畜产品消费者为生产者提供生态补偿，以确保畜产品供给区生态环境得到保护与恢复。除此之外，积极探索异地开发补偿模式，在生态产品供给地和受益地之间相互建立合作园区，健全利益分配和风险分担机制。还可以探索产业扶持、技术援助、人才支持等多元化市场化补偿方式和政策。加快拓展市场化补偿路径。完善异地发展机制和专项政策，如探索建立跨地区生态"飞地经济"，推进流域内协同一体化发展。探索突破行政区划限制，建立上下游之间共商共建共享机制，实现流域一体化发展。健全工商资本入乡促进机制，建立公益性生态保护基金等。

（四）构建文化服务产品价值实现机制

1. 完善开发保护制度

内蒙古自然生态文化资源丰富，是传播生态文明理念的重要载体。深入挖掘自然生态中的生态文化根源，保护弘扬生态文化，是内蒙古实现生态系统文化服务产品价值的根本。一方面可以把生态文化作为健全现代文化体系的重要内容，使生态文化体现到生态环境保护、精神文明创建、国民教育、文化产品创作生产全过程，处处体现生态文化服务价值。例如，可以通过开展生态文明主题公益活动，加大资源环境基本国情宣传，将生态理念教育与自然环境合理利用相结合，形成理念宣传与生态旅游相结合的生态理念传播方式等。另一方面，可以通过实施不同地区、不同特色的优秀自然生态传统文化传承发展工程，完善以高质量发展为导向的生态文化服务价值实现政策。把生态文化理念传播作为社会各界履行责任的重要任务，健全引导生态文化业态健康发展机制。

2. 健全生态旅游发展机制

内蒙古要协调好自然资源保护和旅游产业发展的关系，以多样化、高水平、高质量壮大生态旅游产业，更好地实现生态系统文化服务产品价值。一是依托优美自然风光、历史文化遗存，引进专业设计、运营团队，在最大限度减少人为扰动前提下，加强"文化＋旅游"产业融合发展，以生态要素撬动旅游产业，继续推动旅游业附加值提升，打造文化与休闲旅游融合发展的生态旅游开发模式。二是加快培育生态产品市场经营开发主体，鼓励盘活废弃矿山、工业遗址、古旧村落等存量资源，推进相关资源权益集中流转经营，通过统筹实施生态环境系统整治和配套设施建设，提升文化旅游开发价值。三是优化旅游资源配置，防止资源重复建设，加强旅游总体规划，以构建稀缺性旅游为目标，将旅游规划与地区产业发展及国土功能区主要任务充分结合，形成差异化、分层化的旅游发展规划，充分发挥地方旅游产业价值，形成连片发展的旅游产业模式，大力发展全域旅游，提高旅游产业辐射能力。除此之外，将文化、旅游、康养等产业有机结合，创新发展模式，健全融合发展机制，为文化服务产品价值增值服务。

（五）完善生态产品价值实现激励机制

1. 加大资金政策扶持力度

（1）建立多元化资金投入机制　发挥政府资金的杠杆作用，调动社会资本参与生态产品供给积极性。推动生态产品供给领域投资主体多元化，能由市场提供的尽可能吸引各类资本参与投资、建设和运营。加大草业、林业、河湖、水土保持等生态工程带动力度，积极支持符合条件的企业、农（牧）民合作社、家庭农场（牧场）、民营林场等经营主体参与投资生态建设项目。推行市场化生态治理模式，大力推行生态环境领域 PPP、第三方治理等模式。创新政府购买服务、混合所有制等方式，鼓励和引导各方面资金投入到优质生态产品供给上。深化生态产品领域供给侧改革，推广基于生态绩效的整体解决方案、区域一体化服务模式。推动政府由购买单一治理项目服务向购买整体生态环境质量改善服务方式转变。

（2）绿色金融支持 一是创新绿色金融产品和服务。首先，鼓励企业和个人依法依规开展水权和林权等使用权抵押，产品订单抵押等绿色信贷业务，探索"生态资产权益抵押＋项目贷"模式，支持区域内生态环境提升及绿色产业发展。其次，要提升金融服务水平，鼓励政府融资担保机构为符合条件的生态产品经营开发主体提供融资担保服务，加大对生态产品经营开发主体中长期贷款支持力度，合理降低融资成本，提升金融服务质效，对用以提升生态产品质量和规模、用以修复区域生态环境的绿色金融，给予无息或低息贷款；鼓励政府性融资担保机构为符合条件的生态产品经营开发主体提供融资担保服务。再次，要开辟绿色金融新领域，探索生态产品资产证券化路径和模式，加快构建生态资源的"调查—评估—管控—流转—储备—策划—提升—开发—监管"的全过程工作机制，从而加快生态资产证券化产品落地。研究发行生态地方债券，引导生态农林牧渔业、生态旅游、生态环境整治等行业周期较长、可形成稳定现金流的企业依托政府担保发行债券。二是通过拓宽政府管控或设定限额推进绿化增量、清水增量等指标交易，稳步推进水权、土地使用权、矿业权、林权、碳排放权、排污权等自然资源相关的权益交易。建立健全各类权益使用制度和交易机制。三是开展生态强制险，对生态产品的提供者和消费者提供必要的保障。加大政策性生态强制险的推广力度，适时依规提高保险种类和保额。

2. 推进自然资源资产产权制度改革

内蒙古自然资源丰富，但由于自然资源存在公共物品属性，自然资源的所有权人不到位，所有权人利益不落实，同时缺乏有效监管，自然资源利用效率低下，甚至遭受严重破坏。因此，需要对自然资源产权制度进行创新，将自然资源的所有者和管理者分开，构建完善的自然资源产权制度及管理体制，使得自然资源所有者和管理者相互独立、相互配合、相互监督，实现自然资源可持续发展。当前，尽管对自然资源的产权经过确权，但有些自然资源的所有权和使用权界限仍然不清晰，部分自然资源的国家、集体、集体所有个人承包的边界不清、衔接机制不畅，制约一些政策制度的落实。因此，要建立完善的自然资源资产评估方法体系，对自然资产存量与流量开展评估，将自然资产价值纳入国民经济核算体系，并在此基础上建立自然资源有偿使用制度与生态补偿制度，引导自然资源开发和利用进入良性循环；同时要淡化"GDP考核"，探索编制自然资源资产负债表，将资源消耗、环境损害、生态效益纳入经济社会发展评价体系，在地方管理者观念和政策制定思路中体现生态文明，实现区域可持续发展。为此：

（1）统筹推进自然资源资产产权制度改革　开展全民所有自然资源资产清查，摸清基本家底。加快推动自然资源资产所有权与使用权分离，创新自然资源资产全民所有权和集体所有权的实现形式。推进耕地"三权分置"和经营权流转，深化农村宅基地"三权分置"改革，推进建设用地使用权分层设立。明确自然资源资产产权主体。开展全民所有自然资源资产所有权委托代理机制试点，建立自治区级和试点盟市级政府代理行使所有权的资源清单和管理制度。依法落实农村集体经济组织特别法人地位，代表行使农村集体所有自然资源资产所有权，集体经济组织成员依法享有自然资源资产权益。保证自然人、法人和非法人组织等各类市场主体依法平等使用自然资源资产、公开公平公正参与市场竞争。建立自然资源资产全面调查、统一确权、动态监测、统一评价、信息共享、强化应用制度，加快形成调查监测评价"一张底图"。探索建立全民所有自然资源资产统计制度。实现自治区和盟市两级逐年编制自然资源资产负债表。

当前在自然资源产权制度改革中关键是如何把使用权从所有权中剥离出来，使得土地使用权可以交易。实际上，用水权、用能权、采矿权、用海权等自然资源产权，排污权、生态权等环境资源产权，碳排放权、碳汇等气候资源产权，也可以把使用权等从所有权中分离出来。具体可以从以下几个层面着手：

一是，从不控总量到控制总量的转变。自然资源、环境资源和气候资源不同于劳动力、资本等经济资源，因为这些资源的开发使用直接影响到生态平衡、环境质量和气候状况。过度开发使用会影响生态系统安全和环境退化乃至不可逆转的生态环境问题产生。因此，按照尊重自然、顺应自然、保护自然的原则，开发使用自然资源不能突破生态阈值，排放污染物不能突破环境阈值，排放温室气体不能突破气候阈值。当前由于自然资源的使用已经超过生态阈值、环境阈值和气候阈值，因此，总量控制必须建立在递减的前提之下，只有递减才能恢复。二是，从开放产权到封闭产权的转变。根据区域资源禀赋对自然资源产权进行逐级分配，如省—市—县—乡—村；分配总量可以根据使用基数、人口基数、产值基数等因素设计分配方案，既可以单因素分配，也可以多因素加权平均分配。分配到企业、家庭的自然资源产权神圣不可侵犯。只有如此，产权配置才是有效的。三是，从无偿使用到有偿使用的转变。实施有偿使用制度，可以让全社会更加珍惜资源、高效利用资源、优化配置资源，并努力使每一种资源产生最高的价值。这也是保障资源集约开发、资源节约利用、资源高效配置的重要条件。四是，从不可交易到鼓励交易的转变。在产权清晰、自由交易的情况下，商品和要素通过交易必然导致交易双方双赢。这是经济学早已证明了的结论。同样，基于不同微观经济主体之间资源使用效率的差异性和资源节约边际成本的差异性，也可以开展自然资源产权交易。

（2）拓展自然资源资产产权权益实现途径　开展闲置宅基地和闲置农房盘活利用行动，指导农村宅基地制度改革试点地区稳慎探索农房财产权（含宅基地使用权）跨集体经济组织流转。开展农村集体资产股份权能改革，审慎稳妥推进农村集体经营性建设用地入市。深入推进全民所有自然资源资产有偿使用制度改革，健全完善自然资源分等定级、价格评估制度。探索生态保护修复产权激励机制。

3. 创新有效激励机制

完善资源配置和资源性产品价格形成机制。一是健全市场配置矿产资源机制，规范矿产资源配置，强化资源配置监管，建立企业已配置资源但未履行相应责任义务的退出机制。加快公共资源交易平台建设，建立能源资源项目开发权市场化运作机制，完善公共资源出让收益合理共享机制。加快建立能够反映市场供求关系、资源稀缺程度、环境损害成本的资源和资源性产品价格形成机制。二是完善鼓励清洁能源生产、使用的价格机制，建立可再生能源保障性收购长效机制，提高清洁能源接纳能力。三是建立城乡统一的建设用地市场。完善农村牧区土地产权制度，对城镇建设用地与农村牧区集体建设用地和宅基地、增量建设用地与存量建设用地，实行统一规划、统筹管理，形成统一、开放、竞争、有序的建设用地市场体系。建立集体经营性建设用地入市交易规则，有序推进入市交易。

完善生态环境服务市场化价格形成机制。落实并完善鼓励绿色生态环保产业发展的税收政策。研究制定生态产品生产、加工、制造类企业所得税优惠目录。研究制定对生态治理修复的土地，给予增加用地指标或合理置换等优惠政策。鼓励企业开展生态环保科技创新，支持生态环保企业技术研发和产业化示范，推动建设一批以企业为主导的环保产业技术创新战略联盟及技术研发基地。加快自主知识产权生态环境技术的产业化模块化应用，不断提升市场主体技术研发、综合服务能力。

（六）健全生态产品价值实现保障机制

1. 构建高效管理监督体制

（1）建立统一高效管理体制　建立由政府综合管理部门作为牵头单位，自然资源、生态环境、农业农村、统计、水利、林业、气象、文旅等多个部门参与的综合协调管理体制，对生态产品价值实现有关工作进行统一管理，负责生态产品价值实现机制有关制度政策和标准规范制定，生态产品开发项目审批、监管和考核，全域生态产品实时监测、动态管理和信息发布，生态产品价值实现机制研究和规划、计划等有关工作。

（2）强化行政监管和考核 一方面，完善绿色政绩考核。逐步将 GEP 核算具体指标反映在绿色发展绩效考核、领导干部自然资源资产离任审计等领域中，将核算具体指标增减作为党政领导班子和领导干部综合评价的重要依据。将 GEP 指标纳入全区盟市、旗县区党委和政府高质量发展综合绩效评价。在全区范围内针对不同开发类型，开展区域发展差异化绩效考核制度，推动落实在以提供生态产品为主的重点生态功能区取消经济发展类指标考核，重点考核生态产品供给能力、环境质量提升、生态保护成效等方面指标。适时对其他主体功能区实行经济发展和生态产品价值"双考核"。例如，根据主体功能区规划，针对经济开发型盟市，限制新增高耗能高排放产业，向绿色生态产业逐步转型，同时建立内蒙古自治区内部经济开发型盟市向生态保护型盟市提供生态补偿的制度，实现盟市之间公平发展，共享经济发展成果；针对经济与生态并重型盟市，逐步限制经济开发强度，通过政府转移支付、产业准入清单、生态红线等政策，引导与鼓励其向生态保护型盟市转变，弱化经济发展功能；针对生态保护型盟市，基础增加生态保护投入，增加政府转移支付，培育绿色与环境友好产业发展，确保人民生活水平持续改善。同时，推动将生态产品价值核算结果作为领导干部自然资源资产离任审计的重要参考，对任期内造成生态产品总值严重下降的，依规依纪依法追究有关党政领导干部责任。

另一方面，推进生态环境损害成本内部化，加强生态环境修复与损害赔偿的执行和监督，完善生态环境损害行政执法与司法衔接；强化专项资金审查力度，对专项资金的使用做到来有据、去留痕，合理合规地使用专项资金，杜绝出现挪用专项资金、违规使用专项资金、专项资金久拖不用等现象。除此之外，从严加强生态空间管控。厘定生态保护红线、环境质量底线、资源利用上线、生态环境准入清单，严格落实"三线一单"，大力推动生态空间管控法治化进程，充分应用现代化手段加强生态空间管控与督查考核。探索生态保护红线优化机制，落实生态保护长效化动态监管。

（3）纳入社会评估评价范畴 首先，建立生态信用制度。建立企业和个人的生态信用档案，将破坏生态环境、超过资源环境承载能力开发等行为纳入失信范围；探索建立生态信用行为与金融信贷、行政审批等挂钩的联动奖惩机制，实施生态信用积分（绿谷分）管理办法，通过守信激励、失信惩戒，进一步健全市场交易制度；设立"生态积分兑换超市"，进一步拓宽生态信用积分使用范围。推动实现生态保护意识"内化于心、外化于行"。其次，规范企业、行业、第三方机构评估工作。开展基于 GEP 核算的重点项目评估，为项目规划、环评、验收等提供参考。对高污染、高耗能企业进行限产停批，对拒不改进高污染、高耗能生产工艺的企业，依情节严重，纳入企业征信管理；开展生态环境相关行业的评估工作，对于虚假、捏造违规编写、验收的当事企业、第三方评估机构和评估专家纳入企业征信和个人征信黑名单，并依法追究相关法律责任；稳步推进建成政府监管下的专业生态——经济评估机构，在政策研究、数据统计、算法研究、标准制定、生态产品项目审核、监理、验收等方面进行专业化的评估与研究。

2. 强化智力支持和人才保障

首先，推进专业人才队伍建设。依托高等院校和科研机构，加强对生态产品价值实现机制改革创新的研究，加快推进生态产品价值实现知识型、创新型、复合型高技能人才培育，打造一支高水平专业人才队伍，培育跨领域、跨学科的高端智库。其次，加强开放合作人才交流。探索建立"内蒙古自治区绿水青山就是金山银山研究中心"，打造自治区级生态产品价值实现机制对外交流合作平台。加强与沿黄流域、环渤海区域开展生态产品价值实现机制合作交流，积极推动生态资源富集地区与经济发达地区合作创新生态产品价值异地转化模式。通过组织召开国际研讨会、经验交流论坛，开展生态产品价值实现国际合作。再次，不断加强科技创新。鼓励企业开展生态环保科技创新，支持生态环保企业技术研发和产业化示范，推动建设一批以企业为主导的环保产业技术创新战略联盟及技术研发基地。加快自主知识产权生态环境技术的产业化规模化应用，不断提升市场主体技术研发、综合服务等自我能力。

3. 建立多方参与共建机制

一方面，做好宣传推广。通过建立生态产品交易中心和举办推介博览会，组织开展生态产品线上云交易、云招商等方式，搭建资源方与投资方、供给方与需求方之间的桥梁。充分利用新闻媒体和互联网等多种宣传渠道，不断提升生态产品的社会关注度，扩大经营开发收益和市场份额。加强规范管理，发挥电商平台资源、渠道优势，推进更多优质生态产品以便捷、规范的渠道和方式开展交易；在自治区范围内具备条件的地区，开展生态产品价值实现机制试点，并选择试点成效显著的地区，打造一批生态产品价值实现机制示范基地。另一方面，建立广泛参与机制。充分调动广大群众勇于创新实践的积极性，加快形成绿色价值观、消费观、发展观，引导公民自觉履行环境保护责任。大力挖掘传承优秀传统生态文化，创新培育新时代生态文化。制作内蒙古自治区生态产品宣传标识，编制形成《内蒙古自治区"绿水青山就是金山银山"转化举措和经验做法推广清单》，发布生态产品价值实现品牌宣传语和宣传片，充分发挥各类媒体的宣传主阵地作用，形成党委政府引导、部门协作配合、社会共同参与的良好氛围。通过鼓励支持、加强引导、规范服务等方式，建设公众参与平台，构建社会力量参与生态产品价值实现有效途径，让广大群众成为全区生态产品价值实现的参与者和受益者，为建立生态产品价值实现机制提供良好的舆论环境。

4. 健全完善法律法规保障

首先，有关部门要系统梳理生态产品价值实现相关现行法律法规和部门规章，适时进行立改废释，如全面清理现行法律法规中与生态文明建设不相适应的内容，推进生态保护、污染防治、资源综合利用等方面法规和规章的立改废释。其次，出台相关地方规章制度，将充分实现生态产品经济价值转化工作推进作为重要政治任务。系统梳理生态产品价值实现相关现行法律法规和部门规章，依照实际情况制定自治区条例和实施办法，并在实际应用中及时更正和补充，为内蒙古自治区生态产品的市场化工作推进与拓宽提供有力的保障。再次，加强执法检查。推进生态环境保护执法规范化建设。健全生态环境保护行政执法和刑事司法衔接机制，建立生态环境保护综合执法机关、公安机关、检察机关、审判机关信息共享、案情通报、案件移送制度。加强涉生态环境保护司法力量建设。开展生态环境保护领域民事、行政公益诉讼。依法严惩重罚生态环境违法犯罪行为。增强全社会生态环境保护法治意识。

5. 强化相关基础支撑能力

一是增强数据信息支撑。充分利用大数据、云计算、物联网等先进技术，结合构建 GEP 核算标准指标体系需求，进一步完善相关统计制度，把反映区域自然生态系统特征，包括自然资源、林业、水利、气象等生态基础数据指标，纳入国民经济和社会发展统计体系，为生态产品价值市场化实现提供基础数据保障。二是提升交通设施支撑能力。统筹新基建与传统基础设施建设，大力建设以铁路、公路、航道为主体，高效串联景区与农产地的现代综合交通网络体系，深化四好农村路、"万里绿道网"和慢行系统建设。对重点生态功能区的国道省道和铁路建设进一步加大资金扶持力度，降低资金配套比例和项目资本金，切实解决好优质生态产品供给"最后一千米"问题。三是加强水利设施建设能力。水资源限制严重是内蒙古生态建设最突出制约因素之一。生态产品价值实现有赖于科学合理开发利用水资源，破解水资源限制瓶颈。其中，尤为重要的是加快提升水利基础设施建设能力，大力推进"内蒙古水网"建设。通过构建高标准防洪保安网、高水平水资源配置网、高品质幸福河湖网和高效能智慧水利网，深入提升水生态产品质量，为生态产品功能和价值实现提供水资源保障和支撑。

六、加快推进碳达峰碳中和进程

（一）开展碳排放达峰行动

开展重点地区碳排放达峰行动。实施以二氧化碳排放强度控制为主、二氧化碳排放总量控制为辅的制度。制定内蒙古自治区碳排放达峰行动方案，摸清碳排放基础，识别关键排放领域，研判碳排放趋势，科学制定内蒙古自治区碳达峰目标。编制实施能源、工业、交通、建筑、农牧业、生活、科创等领域碳达峰专项行动方案。加强碳达峰目标过程管理，确保达峰目标如期实现。各盟市应积极开展碳达峰行动，制定本地区碳排放达峰行动方案。煤炭等化石燃料消费比重高，产业结构、能源结构急需大幅调整的地区加快达峰进程。开展内蒙古自治区级低碳城市、园区、社区及近零碳排放示范工程创建工作，探索建立碳中和示范区。

控制工业领域二氧化碳排放。推动钢铁、建材、有色、化工、石化、电力、煤炭等重点行业制定达峰目标，尽早实现二氧化碳排放达峰。鼓励大型企业，特别是大型国有企业制定二氧化碳达峰行动方案，实施碳减排示范工程。加大对企业低碳技术创新的支持力度，鼓励企业采用《国家重点推广的低碳技术目录》进行升级改造。加大对节能技改项目、二氧化碳减排重大项目和技术创新扶持力度，推动煤化工等行业开展二氧化碳捕集、利用和封存示范工程。遏制"两高"项目盲目发展，控制工业行业温室气体排放。加快重点高耗能行业节能技术改造步伐，升级钢铁、建材、化工领域工艺技术，控制工业过程温室气体排放。推广水泥生产原料替代技术，鼓励利用转炉渣等非碳酸盐工业固体废物作为原料生产水泥。推动煤电、煤化工、钢铁等行业开展全流程二氧化碳减排示范工程。

控制交通领域二氧化碳排放。加大交通行业节能低碳技术开发与推广，大力发展低碳交通，推进综合交通体系建设。推广节能和新能源车辆，提高清洁能源交通工具普及率，加大交通行业节能低碳技术开发与推广。

控制建筑领域二氧化碳排放。提高建筑节能和绿色建筑发展水平，构建绿色低碳建筑体系。加快发展绿色低碳建筑，不断推进绿色生态城区、绿色生态小区建设。严格执行建筑节能强制性标准，逐步实施既有居住建筑和公共建筑绿色节能改造。加大绿色低碳建筑管理，强化对公共建筑用能监测和低碳运营管理，加强能效测评管理，稳步推进能效提升。加强可再生能源建筑应用，因地制宜推进太阳能、地热能、空气能等在建筑中的应用，减少民用建筑常规能源使用。

控制非二氧化碳温室气体排放。加快煤层气高效抽采和梯级利用，减少油气开采、收集、加工、输送及贮存和配送等各环节甲烷泄漏，控制煤炭油气开发行业甲烷气体排放。鼓励硝酸生产企业积极改造现有选择性尾气处理装置为非选择性处理装置，削减尾气中氧化亚氮气体排放。探索适应内蒙古自治区不同煤种、不同循环流化床锅炉型式的低氧化亚氮排放适用技术，控制工业领域氧化亚氮和含氟温室气体排放。加强标准化规模种植养殖，控制农田和畜禽养殖甲烷和氧化亚氮排放。加强污水处理厂和垃圾填埋场甲烷排放控制和回收利用。

（二）积极适应气候变化

提升适应气候变化能力。将适应气候变化与可持续发展、生态环境保护、消除贫困、基础设施建设等有机结合，进一步提高农业、林业、草原、水资源、基础设施及城市、生态脆弱区的适应气候变化能力。加强气候变化风险评估，对与气候条件密切相关的重大规划和重点工程，进行气候适宜性、风险特性及对局地气候产生影响的评估分析，开展气候可行性论证。开展应对气候变化风险管理，强化防灾减灾体系建设，提升城乡建设、农业生产、基础设施适应气候变化能力。制定与气候变化密切相关的公共卫生应急预案、救援机制，不断提高人群健康领域适应能力。

增加生态系统碳汇储量。加强生态保护与修复，提高生态系统碳固定服务功能。增加森林面积，提升森林质量，做好"草原保护""草原修复""草原利用"三篇大文章，增加森林碳汇、草原碳汇。加强湿地保护和恢复，增强湿地碳汇能力。开展耕地质量保护与提升行动，推广增施有机肥、免耕栽培等保护性耕作措施，增加农田固碳能力。

（三）加强应对气候变化管理

加强碳排放权交易市场建设。加强碳市场制度建设，制定内蒙古自治区《碳排放权交易管理条例》实施细则和办法。推动企业完善碳排放管理，加强碳排放、碳交易及碳资产管理等相关制度建设，推动企业主动适应、积极参与全国碳交易，提高企业绿色低碳竞争力。高质量做好重点控排企业排放数据核算与核查，重点开展发电行业企业配额分配与发放。开展温室气体排放信息披露，鼓励企业主动公布温室气体排放信息和控排行动。大力推进应对气候变化投融资发展，引导和撬动更多社会资金进入应对气候变化领域。

推动实施减污降碳协同控制。推进应对气候变化与生态环境保护相关政策、规划、标准相融合，实现统一谋划、统一布置、统一实施、统一检查。强化工业、农业温室气体和污染减排协同控制，减少温室气体和污染物排放。加强污水、垃圾等集中处置设施温室气体排放协同控制。加强大气污染物与温室气体协同作用机制研究，构建协同控制政策体系，实现大气污染物与温室气体排放协同监管。推进应对气候变化制度融合。强化高耗能高碳排放项目环境影响评价审批管理，推动将碳排放纳入环境影响评价，探索实行重大项目碳排放管理，对碳强度降低目标完成情况严峻的地区，缓批或限制"两高"项目和高碳排放项目。推进企事业单位污染物和温室气体排放相关数据统一采集、相互补充、交叉校核。将碳强度降低任务目标纳入生态环境保护督察范围，推动将应对气候变化相关工作存在的突出问题、碳达峰目标任务落实情况等纳入生态环境保护督察范畴，落实地方党委政府减碳降耗责任。

七、推动形成绿色生活方式

加强生态环境宣传教育，强化舆论引导，提升全民生态文明意识，倡导简约适度、绿色低碳的生活方式，以绿色消费带动绿色发展，以绿色生活促进人与自然和谐共生，推动构建生态环境治理全民行动体系。

（一）提升全民生态文明意识

1. 宣贯生态文明思想

将学习宣传贯彻习近平生态文明思想作为首要政治任务，以高度的思想自觉、政治自觉和行动自觉，加大习近平生态文明思想宣传力度，重点针对企事业单位、社区、学校、公共服务场所、商业机构等，广泛动员各类媒体，创新传播方式方法，拓展传播平台，组织策划有影响、有声势、有效果的宣传活动，讲好生态文明故事，进一步推进习近平生态文明思想深入人心。

2. 加强生态文明教育

不断完善生态文明教育基地建设，建设具有引领示范带头作用的城镇、乡村、企业、保护区、教育文创馆等教育基地。将生态文明纳入国民教育体系和党政领导干部培训体系，在大中小学不同教育阶段开设生态文明教育和课外读本，加大生态环境保护学科建设和高层次人才培养力度，促进生态环境教育事业蓬勃发展。面向社会广泛开展以"不破坏生态、不污染环境、不浪费粮食、不捕食野味、不乱扔垃圾"为主要内容的生态文明培育活动，为推动绿色发展营造良好的社会氛围。

3. 培育繁荣生态文化

加强生态文化理论研究，积极培育生态道德、弘扬生态文化。探索构建符合时代特征、满足群众期盼、传承中华文化、体现地方特色的生态文化体系，为生态文明建设提供精神动力。加大生态环境宣传产品的制作和传播力度，鼓励文化艺术界人士积极参与生态文化建设，加大对反映生态环境保护工作实际、承载生态价值理念、思想艺术水平较高的生态文化作品创作的支持力度，围绕生态文明建设大力挖掘创作导向正确、创意新颖、深受欢迎的优秀生态文化精品。

（二）践行绿色低碳生活方式

1. 倡导绿色生活理念

加强传播手段和社会动员方式创新，持续推进生态环境政务新媒体矩阵建设，优化例行新闻发布，加大信息公开力度，大力宣传尊重自然、顺应自然、保护自然的生态文明理念，倡导简约适度、绿色低碳的生活方式，在全社会唱响生态文明建设主旋律。

2. 组织生态环保实践

组织开展六五环境日等主题教育活动。持续推动环保设施向公众开放，拓展开放领域和范围，提高开放频次，丰富开放方式，提升开放效果。扎实推进内蒙古新时代文明实践中心建设工作，动员各行各业广泛开展以生态文明为主题的"我帮你"志愿服务活动，推动群众性生态文明绿色行动深入开展。

3. 开展绿色生活创建

推进全民绿色生活绿色消费，推行《公民生态环境行为规范（试行）》，积极倡导绿色出行、绿色消费、绿色餐饮、绿色快递、绿色旅游等，引导公众积极践行绿色生活方式。结合移动互联网和大数据技术，建立和完善绿色生活激励回馈机制，推动绿色生活方式成为公众的主动自觉选择。推进城市社区基础设施绿色化。推动节约型机关、绿色家庭、绿色学校、绿色社区、绿色建筑等创建活动，力争到2025年，绿色生活创建活动取得显著成效。

（三）推动构建全民行动体系

发挥政府机关作用党政机关率先创建节约型机关，厉行勤俭节约、反对铺张浪费，健全节约能源资源管理制度，推行绿色办公，加大绿色采购力度，到2025年政府采购绿色产品比例达到30％。落实企业生态环境责任，积极践行绿色生产方式，依法依规向社会公开相关环境信息，鼓励企业组织开展生态文明公益活动。有效发挥各类社会主体作用，积极联合民事政务局、工人联合会、共产主义青年团、妇女联合会等有关组织制定参与环境治理方案，完善环保社会组织和环保志愿者参与环境治理机制，搭建生态环境治理公共平台。健全生态环境决策公众参与机制，保障公众的知情权、参与权和监督权。构建党委政府主导、部门协调联动、社会各界推进、全民共同参与的生态文明建设"大宣教"工作格局，推动形成崇尚生态文明的良好风尚。

（四）推动形成绿色生活方式建设工程

1. 习近平生态文明思想宣讲工程

充分调动高等院校、科研院所、新闻媒体等力量，加强习近平生态文明思想系统研究和交流研讨，深度挖掘并准确把握习近平生态文明思想的丰富内涵。争取在宣传等部门支持下，组建习近平生态文明思想宣讲团，面向党政机关、企事业单位、学校、社区、农村、牧区等开展习近平生态文明思想大宣讲活动，推动全社会形成学习宣传贯彻习近平生态文明思想的浓厚氛围。开展生态文明示范创建宣传，对践行新发展理念的典型案例和生动实践，组织策划专题宣传报道，通过线下线上多种渠道，推动习近平生态文明思想进一步深入人心。

2. 生态环境宣传教育能力建设工程

加强政务新媒体建设，构建舆论引导新格局。优化新闻发布，内蒙古自治区每月召开1次例行新闻发布会，各盟市每季度至少召开1次媒体见面会或新闻通气会。策划主题新闻采访，每年组织生态文明建设相关的深度报道和大型主题采访活动1次以上，共同讲好内蒙古生态文明故事。在有影响力的媒体开设栏目或制作专题，主动曝光阻碍绿色发展和生态文明建设的突出问题，回应公众关切。不断加强宣教能力建设和人才队伍建设，打造生态环境保护铁军中的尖兵。

3. 生态文化精品建设工程

围绕污染防治、生态保护、无废城市建设、垃圾分类、限塑减塑、杜绝餐饮浪费等生态文明建设重大任务、重点工作，组织文化工作者深入基层，创作反映生态环境保护工作实际、承载生态价值理念、思想精深、艺术精湛、制作精良的生态文化作品。大力挖掘创制导向正确、创意新颖、深受欢迎的优秀生态文化精品。

4. 全民教育行动体系建设工程

加强生态文明学校教育和社会教育。面向党政机关、企事业单位、学校、社区、农村等不同群体编写生态文明知识读本，利用各大网络学习平台、视频平台等，构建生态文明网络教育平台。教育部门组织、鼓励和支持大中小学生参与课外生态环境保护实践活动，将环保课外实践内容纳入学生综合考评体系。充分发挥研学实践基地、生态环境宣传教育基地、生态环境科普基地等作用，为学生课外活动提供场所创造条件。力争在 2025 年底前，各盟市建成至少 1 个生态文明教育场馆或教育基地。

5. 志愿服务长效机制建设工程

加强生态环境志愿服务队伍和组织能力建设，建立志愿服务长效机制，打造可重复、能持续、易推广的志愿服务项目。加大对环保社会组织的引导、支持和培育力度，支持指导企业、社会团体发起和组织各类环境公益性活动，号召生态环境志愿服务队伍积极参与，定期开展志愿服务活动。加强对志愿服务队伍和志愿者登记注册、活动和项目发布、志愿者招募、志愿服务记录、效果评价等进行线上管理。

6. 公众广泛参与途径拓展工程

组织开展主题鲜明、内容丰富、形式多样、贴近基层、贴近群众的社会宣传活动，组织和引导公众参与生态环境保护工作，努力提升活动的参与度和影响力，打造社会宣传活动品牌。精心组织六五环境日宣传，促进各地社会宣传工作水平提升。结合本区域工作重点办好国际生物多样性日、国际保护臭氧层日和全国低碳日等主题宣传活动。依托保护母亲河行动、绿色生活创建行动等，创办品牌宣传活动，拓展活动新意，创新活动形式，增强活动实效。继续推动环保设施向社会开放，不断拓展公众参与生态环境保护的途径。

包云，李晓兵，李超，等，2010. 1961—2007 年内蒙古气温时空变化特征分析 [J]. 干旱区资源与环境，24（12）：80 - 84.

陈家宽，李琴，2014. 生态文明：人类历史发展的必然选择 [M]. 重庆：重庆出版社.

陈健鹏，高世楫，2020. 我国促进生态产品价值实现相关政策进展 [J]. 发展研究（2）：57 - 69.

陈秋红，2009. 草地生态系统动态演化机制研究综述 [J]. 草业与畜牧（6）：6 - 13.

陈素华，宫春宁，苏日那，2005. 气候变化对内蒙古农牧业生态环境的影响 [J]. 干旱区资源与环境（4）：155 - 158.

陈宇，2020. 金融助力生态产品价值实现 [J]. 中国金融（17）：102.

杜青林，2006. 中国草业可持续发展战略 [M]. 北京：中国农业出版社.

傅伯杰，王晓峰，冯晓明，等，2017. 国家生态屏障区生态系统评估 [M]. 北京：科学出版社.

高红霞，唐红艳，2019. 45 年来内蒙古兴安盟作物生长季干旱时空特征 [J]. 干旱区资源与环境，33（1）：143 - 147.

巩祥夫，刘寿东，钱拴，2010. 基于 Holdridge 分类系统的内蒙古草原类型气候区划指标 [J]. 中国农业气象，31（3）：384 - 387.

洪冬梅，2021. 打好节能减排攻坚战推动"十四五"内蒙古经济增长提质增效 [J]. 北方经济（3）：19.

侯向阳，2010. 发展草原生态畜牧业是解决草原退化困境的有效途径 [J]. 中国草地学报，32（4）：1 - 9.

黄婷，于德永，乔建民，等，2018. 内蒙古锡林郭勒盟景观格局变化对土壤保持能力的影响 [J]. 资源科学，40（6）：1256 - 1265.

江凌，肖燚，饶恩明，等，2016. 内蒙古土地利用变化对生态系统防风固沙功能的影响 [J]. 生态学报，36（12）：3734 - 3747.

李飞，林慧龙，常生华，2007. 农牧交错带种植模式与种养模式的能值评价 [J]. 草地学报，15（4）：322 - 326.

李佐军，俞敏，2021. 如何建立健全生态产品价值实现机制 [J]. 中国党政干部论坛（4）：63 - 67.

廖茂林，潘家华，孙博文，2021. 生态产品的内涵辨析及价值实现路径 [J]. 经济体制改革（1）：12 - 18.

刘伯恩，2020. 生态产品价值实现机制的内涵、分类与制度框架 [J]. 环境保护（13）：
49-52.

刘思华，2014. 生态马克思主义经济学原理 [M]. 北京：人民出版社 .

刘志彪，陈东，等，2018. 建设现代化经济体系研究 [M]. 北京：中国财政经济出版社 .

刘钟龄，2017. 中国草地资源现状与区域分析 [M]. 北京：科学出版社 .

马建堂，2019. 生态产品价值实现路径、机制与模式 [M]. 北京：中国发展出版社 .

孟青龙，2021. 构建绿色特色优势现代产业体系 [J]. 实践（5）：33-35.

欧阳志云，朱春全，杨广斌，等，2013. 生态系统生产总值核算：概念、核算方法与案例
研究 [J]. 生态学报，33（21）：6747-6761.

彭建，胡晓旭，赵明月，等，2017. 生态系统服务权衡研究进展：从认知到决策 [J]. 地理
学报，72（6）：960-973.

沈茂英，许金华，2017. 生态产品概念、内涵与生态扶贫理论探究 [J]. 四川林勘设计
（1）：1-8.

王关区，2003. 有效推进内蒙古生态文明建设的探讨 [J]. 北方经济（5）：1-5.

谢高地，张彩霞，张昌顺，等，2015. 中国生态系统服务的价值 [J]. 资源科学，37（9）：
1740-1746.

严思屏，2020. 生态文明视角下绿色金融价值逻辑与实践路径研究 [J]. 经济研究参考
（9）：121-128.

杨峻山，2012. 把握机遇　继往开来　筑牢祖国北疆生态屏障 [J]. 森林公安（6）：10-11.

姚国征，2019. 笃行新发展理念，推动自然资源高质量发展 [J]. 北方经济（6）：22-24.

俞立平，金融，2015. 政府与企业投入对科技创新的贡献研究 [J]. 科研管理，36（3）：
57-63.

曾贤刚，2020. 生态产品价值实现机制 [J]. 环境与可持续发展，45（6）：89-93.

张林波，虞慧怡，李岱青，等，2019. 生态产品内涵与其价值实现途径 [J]. 农业机械学
报，50（6）：173-183.

张琳杰，2020. 贵州生态产品价值实现机制与路径探析 [J]. 生态环境（6）：13-14.

张燕，2009. 环境管制视角下污染产业转移的实证分析——以江苏省为例 [J]. 当代财经
（1）：88-91.

张云飞，李娜，2017. 开创社会主义生态文明新时代·生态文明卷 [M]. 北京：中国人民
大学出版社 .

赵建军，2014. 如何实现美丽中国梦：生态文明开启新时代 [M]. 2 版 . 北京：知识产权出
版社 .

赵同谦，欧阳志云，贾良清，等，2004. 中国草地生态系统服务功能间接值评价 [J]. 生
态学报，24（6）：1101-1109.

图书在版编目（CIP）数据

内蒙古绿色发展路径研究 / 佟帆著 . —北京：中
国农业出版社，2022.12
ISBN 978-7-109-30234-1

Ⅰ.①内… Ⅱ.①佟… Ⅲ.①绿色农业－农业发展－
研究－内蒙古 Ⅳ.①F327.26

中国版本图书馆 CIP 数据核字（2022）第 221444 号

中国农业出版社出版
地址：北京市朝阳区麦子店街 18 号楼
邮编：100125
责任编辑：周锦玉
版式设计：王　晨　　责任校对：吴丽婷
印刷：北京中兴印刷有限公司
版次：2022 年 12 月第 1 版
印次：2022 年 12 月北京第 1 次印刷
发行：新华书店北京发行所
开本：720mm×960mm　1/16
印张：9.25
字数：170 千字
定价：45.00 元